Martin Krengel

Bestnote

**Lernerfolg verdoppeln,
Prüfungsangst halbieren.**

Mit den besten Techniken für
Motivation | Konzentration | Lesen
Zeitmanagement | Verständnis | Lernen

Es gibt viele Prüfungen ...

Es fängt in der Schule an

Geschichte: Ich hasse Jahreszahlen!
Mathe: Binominalgleichungen. Bio was?
Physik Leistungskurs: Wie soll ich das schaffen?
Altgriechisch: Wer braucht das noch außer mein Lehrer?
Chemie-Abi: Zitonensäurezyklus? Ich bin schon sauer genug!

Der Höhepunkt folgt im Studium

Soziologie: Statistik, Statistik, Statistik.
Biochemie: Hätte ich das gewusst, hätte ich Archäologie studiert.
Philosophie: Ich habe 8 Profs und alle sagen was anderes.
Politik: Viele Theorien schwirren lose nebeneinander umher.
Engineering: Wir sind Versuchskaninchen im neuen Studiengang.
Mittelalterliches Englisch: Ich kann nicht mal das aktuelle Englisch.
Experimentalphysik: Es gab nur Häppchen, Hintergründe fehlten.
Pharmakologie: Viele lateinische Namen – ich bin doch kein Römer!
Phänomenologie des Geistes: hat mich voll entgeistert.
Arabische Phonetik: Ich hatte einen Doppelknoten in der Zunge.
Wirtschaftsrecht: Recht viele Worte für so wenig Durchblick.

Dann wird es plötzlich richtig ernst

Multiple-Choice: Liegt die richtige Antwort zwischen 2 Kästchen?
Jura-Staatsexamen: Wenn ich das schaffe, gebe ich einen aus.
Medizin-Vorphysikum: Ich ertrinke in Fakten und kein Land in Sicht.
Statistik-Klausur: Keiner hat was kapiert. Das war der Horror!
Anatomie, 3. Versuch: Klappt's nicht, muss ich in Holland studieren!

Auch im Beruf hören die Prüfungen nicht auf

IHK-Prüfung: Ein Fehlversuch kostet mich 300 Euro.
Steuerberater-Prüfung: Der Hammer!
VHS-Kurs: Ich verstehe nur Chinesisch in Spanisch!
SAP-Training: Und ich dachte, Computer erleichtern Arbeit.
MBA nach 5 Jahren Praxis: Uff, ist Lernen anstrengend geworden!

... und noch mehr Sorgen:

Trotz der vielen Fächer und Prüfungsformen sieht man immer dieselben Unsicherheiten. Beim Lernen vermischen sich eben die Welten: Komplexität, Zeitdruck, Unsicherheit, Stress, Unzufriedenheit und ein ständig schlechtes Gewissen, nicht genug getan zu haben.

Einige kommen daher auf ungute Ideen ...

So schreibt ein Schüler bzw. Student in einem Lernforum:

> „Ich hab ein Problem: In einer Woche ist ein extrem wichtiger Test. Leider habe ich viel zu wenig gelernt und keine Ahnung, wie ich den gewaltigen Stoff in der kurzen Zeit lernen soll. Daher meine Frage: Gibt es irgendein Zeug, das mich munter macht, meine Konzentrationsfähigkeit steigert und mir hilft, den Test zu schaffen? Ganz egal, ob es legal ist."

Immer mehr Prüflinge greifen zu Lernpillen. Doch löst das Lernprobleme wirklich? Nein! Es ist erwiesen, dass „Medikamente" **unerwünschte Nebenwirkungen** haben können. Ich möchte daher auch vor den psychischen Risiken von „Lerndrogen" warnen:

- Ob sich Prüfungsleistungen durch Lernpillen tatsächlich verbessern lassen, ist umstritten. Das verschreibungspflichtige Mittel Ritalin beispielsweise kann die Impulsivität steigern. Dadurch neigt man eher zu vorschnellen Antworten und zieht eventuell nicht mehr alle Infos in Betracht. Die Gefahr des **Tunnelblicks** steigt. Auch das **Urteilsvermögen kann eingeschränkt sein**, weil man sich aufgrund der hervorgerufenen Euphoriezustände für besser hält als man ist.

- Die Aufmerksamkeit mag zwar steigen, doch Hirndoping verbessert weder Selektionskompetenz, Lernmethodik noch die Qualität des Wissens. Es bringt nichts, mehr von den falschen Dingen zu machen (siehe Seite 22).

- Gerade für junge Menschen ist es wichtig, Selbstvertrauen und Selbstkritik zu lernen, Stärken und Schwächen herauszufinden und methodisch an ihnen zu

Überblick

arbeiten. Doch durch den Griff zur synthetischen Hilfe bringt man sich um die persönlichkeitsbildende Erfahrung der eigenen Leistungsfähigkeit und Selbstwirksamkeit.

Meine These: Wer sein Gehirn kennt und Lern- und Konzentrationstechniken beherrscht, steigert seine Leistungsfähigkeit viel stärker als mit irgendwelchen Pillen und Puschern!

Auch ohne vermeintlich konzentrationssteigernde Mittel lernen viele Abiturienten und Studierende schon jetzt zu lange! So berichtet (nicht nur) einer meiner Seminerteilnehmer: „Als ich im zweiten Semester war, viel Sport machte und oft feiern ging, hatte ich Spaß und gute Noten. Im letzten Jahr habe ich mich nur aufs Lernen konzentriert und jetzt klappt es irgendwie nicht mehr." Der **Ausgleich fehlt**. Pausen sind genauso wichtig wie konzentriertes Arbeiten, damit der Lernstoff verarbeitet werden kann. Eine der Hauptfunktionen von Schlaf ist, Nervenverbindungen zu festigen, Sinneseindrücke des Tages zu sortieren und zu speichern sowie Relevantes von Irrelevantem zu trennen. Die durch Medikamente hervorgerufene Aufmerksamkeitssteigerung bringt also fürs Lernen nicht viel.

Sport, Freundschaften, erholsame Hobbys, ein angemessener Lebens- und Arbeitsrhythmus, Lerntechniken, Zeitmanagement sowie ausreichend Schlaf: das sind **natürliche Lernbooster!** Sie steigern die Arbeitskraft auf natürliche Weise, weil Erlebnisse, Emotionen und Abwechslung ebenso Adrenalin, Endorphine und Dopamin sprudeln lassen – wichtige Treibstoffe für deine Zufriedenheit, Motivation, Energie und Konzentration.

Meine persönliche Erfahrung aus zwei Studiengängen und einer Doktorarbeit: Durch guten Schlaf, Pausentaktung, Ausgleich und ein paar Motivationstricks kommst du komplett ohne zusätzliche „Mittel" aus. Es gibt einfache, ganz legale Methoden, die Konzentration und Motivation beim Lernen erheblich zu steigern. In den Berichten über Lerndrogen konnte ich bisher noch **keinen einzigen echten Vorteil** entdecken.

Stattdessen habe ich dir in diesem Buch eine Art **natürliches Lerndoping** zusammengestellt, das dir helfen wird, deine Effizienz und Erinnerungsleistung zu verdoppeln. Ohne negative Nebenwirkungen! Bist du bereit?

Inhalt

Überblick: Der geistige 10-Kampf beim Lernen — 8

Warum du dieses Buch lesen musst — 8
Was hindert uns am Erfolg? — 11
Der bisherige Lernprozess gleicht einer Sanduhr — 12
Der optimierte Lernprozess schleift einen Diamanten — 13

1. Der Traingsplan: Bestimme deine Lernstrategie — 20

Warum ist der Weg nicht das Ziel? — 22
Die vier Säulen des Prüfungserfolgs — 26
Workshop: Die perfekte Prüfungsstrategie — 36
Nie wieder ein schlechtes Gewissen! — 52

2. Das Aufwärmen: Schalte in den Lernmodus — 60

Hast du ein Motivationsproblem, bis du ein Zeitproblem hast? — 62
Sprint oder Marathon? — 66
So geht ein Power-Lerntag — 70
Mythos Multitasking — 73
Mit Spaß zur Höchstleistung — 75
Ideen zum kreativen Lernen 2.0 — 82
So besiegst du den inneren Schweinehund — 86

3. Die erste Hürde: Suche das Global Picture — 90

Eine Expedition ins Ungewisse? — 92
Der Blick ins weite Land — 96
Der größte Lese-Irrtum — 101
Schicht für Schicht zur Goldader — 103
Schwere Texte enttarnt — 106

4. Die nächste Disziplin: Strukturiere — 110

Wie lerne ich 128 Vokabeln in 3 Runden? — 112
Gedanken erkunden mit Mindmaps — 114
Komplexität spiegeln mit Strukturkarten — 116
Clever notieren und mitschreiben — 120
Aufbereiten von Notizen und Skripten — 124

5. Der Gedankenwettstreit: Verbalisiere — 128

Warum fällt es so schwer, die passenden Worte zu finden? — 130
Einsamkeit genießt man am besten zu dritt: Lerngruppen — 133
Warum schreiben das Denken beflügelt — 137

6. Gehirnakrobatik: Kodiere   142

Gibt es einen Geheimcode für unser Gehirn?   144
Merken von Namen & Fakten   152
Parlez-vous français? Sprachen & Vokabeln   153
Fachbegriffe & Fremdwörter: Die 3-2-1 Methode   158
Theorien, Argumente & Vorlesungsfolien   163
Jonglieren mit Formeln & Gleichungen   165
Zahlen: Wie Sherlock Holmes lernen würde   170
Definitionen & Paragrafen   172
Diagramme, Grafiken & Modelle   174

7. Die letzten Meter: Reduziere   178

Was tun, wenn dich dein perfektes Gedächtnis verfolgt?   180
Zehn Zeilen sind besser als zehn Seiten   182
Durch Story-Telling zur Erinnerung   183
Schlüsselwörter als geistige Klammer   185
Prüfungsvorbereitung to go   186
Die Survival-Zusammenfassung   191

8. Das Krafttraining: Wiederhole   196

Wann und wie oft muss ich wiederholen?   198
Erzeuge ein Varieté im Kopf!   199
Wo ist dein Trumpf? Das Spiel mit Lernkarten   204
So geht die Rechnung auf: Mathe & Co.   207
Lernen ohne Aufwand – funktioniert das?   208

9. Im Wettkampf: Taktiere und behalte die Nerven   210

Was sind die häufigsten Fehler in Prüfungen?   212
Damit punktest du immer: Die magischen 3   213
Final Countdown: Steigere deine Tagesform   215
Last Minute Tipps für jede Prüfungsform   217
Der Notfall-Koffer: Arschretter-Taktiken   224

10. Auswertung mit dem Coach: Reflektiere   230

Zur Perfektion durch Reflexion   232
Die Siegerehrung   233
Der perfekte Lernprozess   236
Wie geht es weiter? Das Feintuning   237
Trainingslager: Die finale Checkliste   238

Das Team dahinter: Ideen für Eltern, Lehrer & Dozenten   240

Tipps für Eltern   242
Eine Checkliste für Lehrer und Dozenten   246
10 Gedanken für die Verbesserung der Lehre   249

Warum du dieses Buch lesen musst

Es war ein kühler Wintertag an der Uni – und die Prüfungszeit stand bevor. Ich wusste nicht, wo mir der Kopf stand: Sechs Prüfungen lagen vor mir. Ich wollte eigentlich lieber auf die Skipiste als in meinen Ferien in der verstaubten Bibliothek zu versauern. Doch in den verbleibenden Tagen war das Pensum kaum zu schaffen. Nicht mit herkömmlichen Methoden. Ich musste meine Lernmethodik ändern. Und zwar radikal.

Ich beschloss ein **Experiment:** Ich gab mir für eine Prüfung genau ein Wochenende Lernzeit. Das Vorlesungsskript umfasste 80 Seiten, das Buch 600. Uff. Ich musste hart priorisieren: In dem Skript sollten alle relevanten Inhalte drinstehen. Wozu brauche ich dann das Buch? Ich entschied, es nur als Nachschlagewerk zu verwenden. Dies sparte eine Woche Leseaufwand. Dann blätterte ich das Skript mit zwei Fragen im Kopf durch:

⭐ **Wenn ich Dozent wäre, was würde ich wollen, das sich meine Studierenden merken?**

⭐ **Welche Inhalte kommen zu 80 Prozent Wahrscheinlichkeit nicht dran?**

Ich markierte entsprechende Inhalte und strich Themen mit geringer Relevanz. Dann verdeutlichte ich die innere Struktur mit Farben, Trennstrichen und Überschriften und übersetzte wichtige Fakten in Lernbilder. Nach dem Wochenende kam der Prüfungstag. Ich fühlte mich unwohl, aber schrieb wie ein Wahnsinniger. Die Zeit war flugs um. Ich zögerte, gab schließlich doch ab. Schwitz! Ob das gut geht?

Sechs Wochen später bekam ich das Ergebnis und war entsetzt: Bestnote! **Eine 1,0 mit zwei Tagen Aufwand?!** Das war 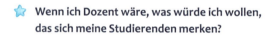 !

Kann ich in der Hälfte der Zeit eine ganze Note besser sein?

Mein mentales Modell war bis dahin „mehr Arbeit = bessere Leistung": Nur wenn ich gründlicher läse, länger lernte und intensiver recherchierte, würde ich mehr Erfolg haben. Dachte ich. Ich quälte mich durch zähe Texte und versuchte jeden Satz zu verstehen. Ein Studienfreund ging genau andersherum an den Text heran: Er blätterte das Buch nur durch und suchte die Zusammenfassungen. Diese versuchte er zu verstehen und Anwendungen zu finden. Nur wenn ihm das nicht gelang, las er das entsprechende Kapitel intensiv. Während ich mich vier Wochen Zeile um Zeile quälte, brauchte er gerade zwei Wochen – und schnitt eine **ganze Note besser** ab! Während mein Hirn überfrachtet und verwirrt von den Details war, hatte er sich einen Überblick erarbeitet und die Zusammenhänge verstanden.

Mehr ist nicht zwingend besser. Im Gegenteil. Ab einem bestimmten Aufwand verschlechtern sich die Ergebnisse: immer dann, wenn wir vor Perfektionismus am falschen Ende beginnen.

Mir wurde klar, dass sich einiges im Lernprozess verbessern lässt. Ich experimentierte mit Lerntechniken und entwickelte Strategien, um die Informationsflut zu besiegen. So bringe ich heute meinen Seminarteilnehmern bei, die wichtigsten Aussagen eines Buches in nur einer Stunde zu verstehen oder sich zehn chinesische Vokabeln inklusive Schriftzeichen in acht Minuten zu merken.

Zum Buch – deine Bestnote

Es gibt unzählige **Zeitmanagement**-Ratgeber und dutzende Bücher zur **Lernpsychologie**. Aber noch niemand ist auf die Idee gekommen, beides zu **kombinieren**. Dabei könnten wir unsere Lerneffizienz verdoppeln! Das ist kein leeres Versprechen, wie einschlägige Studien belegen. Ich werde sie an den passenden Stellen zitieren. Natürlich kann nicht jeder der oder die beste werden. Aber versuche, deine persönliche Bestnote anzustreben und über dich hinauszuwachsen!

Was mir in anderen Büchern zu kurz kam, sind konkrete Beispiele, um die Methoden lebendig werden zu lassen. Deswegen habe ich über 100 Erfahrungen von Studierenden, Schülern und mir selbst eingearbeitet.

Das Buch ist als Begleiter durch den Lernprozess gedacht. Fühl dich nicht gezwungen, es auf einmal zu lesen. Lies lieber ein Kapitel und wende es sofort an. Schritt für Schritt wirst du lernen, deine **Zeit** besser zu nutzen, dich aufs Wesentliche zu **konzentrieren** und **effektivere Lerntechniken** anzuwenden. Damit setzt du deine Energie effizienter ein und reduzierst Prüfungsangst spürbar.

Zur Anrede: Ich finde es netter, dich mit „Du" anzureden. Ich bin nicht steinalt und lege auch keinen Wert auf Autoritätsgehabe. Dein Lernmaterial ist sperrig genug. Ich will dich direkt ansprechen, Sparringspartner sein, dich inspirieren und dir einige wichtige Fragen stellen.

 Eltern, Lehrer und Dozenten erhalten am Ende des Buchs zusätzliche Hinweise, wie sie den Lernprozess für ihre Schützlinge erleichtern können.

Starten wir mit einer Analyse typischer Lernfehler und einem Überblick über das Lernkonzept dieses Buches ...

Was hindert uns am Erfolg?

Paukst du noch oder lernst du schon? Unsicherheit und Prüfungsangst führen leicht zu falschem Perfektionismus. Aber hart zu arbeiten ist nicht dasselbe wie effizientes Arbeiten. Susan ist fleißig und lernt 48 Stunden in der Woche.

Sie gibt 120 %	… und ist doch ineffizient:
Liest jedes Buch der Literaturliste	… doch Informationen wiederholen sich in Texten – in anderen Worten oder in einem anderen Kontext. Das verwirrt.
Liest jedes Buch von vorn bis hinten	… doch nicht jedes Kapitel ist gleich relevant. Es erfolgt keine Selektion. Susan klammert sich an alle Details und lernt so nicht, Wichtiges von Unwichtigem zu unterscheiden. Sie wird auch in der Klausur Probleme haben, die richtigen Schwerpunkte zu setzen.
Macht detaillierte Notizen, schreibt diese ordentlich in ganzen Sätzen	… und denkt dabei nicht gründlich nach, was sie genau notiert; … hat damit mehr Infos als sie verarbeiten kann … und braucht lange, um ihre Notizen zu lesen.
Arbeitet bis in die Nacht und macht kaum Pausen	… und beeinträchtigt damit ihre Konzentration und das Speichern von Lernstoff. … und hat am nächsten Tag einen „Lernkater", der ihre Motivation runterzieht. … Sie bekommt leichter das Gefühl, es nicht zu schaffen und steigert sich noch mehr hinein.
Hält Lerngruppen für Zeitverschwendung	… und verpasst wichtige Informationen („Der hat doch gesagt, dass das nicht drankommt").
Sagt Treffen mit Freunden ab, streicht ihr Fitnesstraining, weil sie noch länger arbeiten will	… und kommt gar nicht mehr auf andere Gedanken. … kann sich nicht mehr entspannen, bekommt Nackenschmerzen, ist schnell gereizt und schläft schlecht.

Der bisherige Lernprozess gleicht einer Sanduhr

Zuerst erfolgt die Informationsaufnahme. Man macht dabei Notizen (eine recht flache Verarbeitung) und wiederholt diese später. Das ist einseitig und macht wenig Spaß.

Lesen & Hören
Info-Aufnahme

Flaschenhals!
Verarbeitung zu gering.

Wiederholen
Info-Speicherung

Viele Lernende lesen unheimlich lang und unsystematisch. Auch beim Wiederholen ist weniger der Stoffumfang das Problem, sondern dass die Infos nicht merk-würdig genug sind. **Sicher** wird man so nicht: Der Stoff hat zu wenig Struktur, Action, Farbe und Bezug zur eigenen Welt und kann so nicht nachhaltig gespeichert werden. Damit holt man sich einen unangenehmen Begleiter mit ins Boot: ständige **Prüfungsangst**. Man bekommt ein schlechtes Gewissen, nicht genug zu tun. Freunde, Sport und Dinge, die Aufmunterung bringen, werden gestrichen. Doch nicht die Zeit an sich ist das Problem. Meist hat Prüfungsangst nur einen Grund: Unsicherheit! Unsicherheit über die Inhalte der Prüfung und ob man das Gelernte sicher abrufen kann. Ein solider **Überblick** über die Anforderungen sowie eine stärkere **Zuversicht** durch effektivere Lernmethoden sind daher die beste Medizin gegen Prüfungsangst.

Fazit: Lesen und Wiederholen sind übergewichtet. Der Engpass ist die Informationsverarbeitung. Hier müssen wir ansetzen.

Der optimierte Lernprozess schleift einen Diamanten

Die meisten Lernbücher gehen davon aus, dass die Prüfung am Ende des Lernens steht. In einem Ratgeber nimmt dieser letzte Schritt, das Abrufen, nur einen kurzen Absatz im gesamten Buch ein. Aus dem Ziel, der Prüfung, muss sich aber der Trainingsplan ableiten! Ein Boxer trainiert doch auch das Boxen, ein Tennisspieler seine Rückhand und ein Sprinter seine Schnelligkeit.

Deswegen gleicht mein Lernprozess einem **Diamanten** – der Schwerpunkt liegt im Überblick, auf der Informationsverarbeitung und in der Verdichtung des Stoffs.

Die 10 Lernprozesse

Je besser der Überblick, desto sicherer wirst du. Drei grundlegende Prozesse gehören dazu:

1. Strategie bestimmen („Der Trainingsplan"). Ein Überblick über die Inhalte und Anforderungen der Prüfung ist in ein bis zwei Stunden erarbeitet, spart aber unzählige Tage Arbeit.

2. In den Lernmodus schalten („Das Aufwärmen"). Zeitmanagement und Motivation sind das A und O beim Lernen. Achte aufs richtige Timing und finde zuverlässig den Anfangsschwung.

3. Das Global Picture suchen („Die erste Hürde"). Dir sollte immer das „Wozu?" und der Bezug zum „großen Ganzen" klar sein. Sonst kann der Stoff nicht eingeordnet werden.

Die nun folgende Verarbeitung sollte vielseitig sein – kombiniere folgende drei zentrale Lernprozesse:

4. Strukturieren („Die nächste Disziplin"). Nun solltest du die wesentlichen Zusammenhänge erarbeiten und visualisieren. Somit werden die Wissensbestandteile gut vernetzt bzw. abgegrenzt.

5. Verbalisieren („Der Gedankenwettstreit"). Gedanken sind fehleranfällig. Nur wenn sie in konkrete Worte gefasst werden, kannst du sagen, dass du etwas wirklich verstanden hast.

6. Kodieren („Gehirnakrobatik"). Kodieren heißt, den Stoff zu durchdringen und zu verknüpfen. Damit werden selbst Wortungetüme in kurzer Zeit sicher gespeichert. Wetten?

Das Festigen: Die Infos sind aufbereitet und verstanden. Jetzt kommt es auf den richtigen Schliff an:

7. **Reduzieren** („Die letzten Meter"). Ohne eine Verdichtung des Stoffs würden wir in der Informationsflut ertrinken. Komprimiere den Stoff, bis das Wichtigste auf nur wenige Seiten passt.

8. **Trainieren** („Das Krafttraining"). Nun ist Üben angesagt: Schreiben, reden, anwenden, rechnen und wiederholen machen dich topfit für den Wettkampf.

Zu guter Letzt gilt es, das Werk in der Prüfung geschickt zu präsentieren und den Arbeitsprozess auszuwerten:

9. **Taktieren** („Im Wettkampf"). Wähle je nach Situation die richtige Taktik und behalte durch ein paar Notfallstricks die Nerven.

10. **Reflexion & Perfektion** („Auswertung mit dem Coach"). Nach der Prüfung ist vor der Prüfung. Perfektioniere deinen Lernprozess, um noch besser, sicherer und gelassener zu werden.

Das Ergebnis des Lernens gleicht nach diesem 10-Schritt-Prozess den Eigenschaften eines echten Diamanten:

- Wie der Diamant ist, denkst du nun: glasklar.
- Innen ist der Diamant richtig hart: Dein Wissen ist fest vernetzt.
- Die Oberfläche ist glatt: Du kannst dich gut ausdrücken.
- Der Diamant ist klein: Auch deine Zusammenfassungen sind auf den Kern reduziert.
- Du spiegelst dich darin: Das Lernen erfolgt mit deinen Stärken, eigenen Assoziationen und Beispielen.
- Der Diamant ist wertvoll: Du kannst mit dem intensiv erarbeiteten Wissen auch langfristig etwas anfangen.

Leider sind die zehn Lernprozesse meist zu schwach ausgeprägt. Du glaubst mir nicht? Wie wäre es mit einen kurzen Test?

Lern-Fitness-Test:
Bist du ein guter Lernstratege?

- [ ] Vor dem Lernen schreibe ich die Erfolgsfaktoren für die Prüfung auf.
- [ ] Ich versetze mich in eine positive Grundstimmung, bevor ich anfange zu lernen und versuche, den Nutzen, nicht den Aufwand zu sehen.
- [ ] Ich habe mein Zeitmanagement im Griff.
- [ ] Ich kann mich zuverlässig zum Lernen motivieren.
- [ ] Ich kann mich gut konzentrieren.

- [ ] Lernen macht mir Spaß ...
- [x] ... und wenn nicht, weiß ich, was zu tun ist, damit es mir leichter fällt.
- [ ] Ich habe einen realistischen Lernplan, der mir Überblick verschafft.
- [ ] Vorm Lesen überfliege ich den Text und bestimme, was ich im Detail lesen will und warum ausgerechnet diese Stellen bedeutsam sind.
- [ ] Ich weiß, wo ich die wichtigen Passagen in einem Text finde.

- [ ] Ich arbeite mit Mindmaps und Strukturkarten, um mir komplexe Sachverhalte zu erschließen.
- [ ] Mit Hilfe von nützlichen Übersichten strukturiere ich meinen Lernstoff in der Form, in der er abgefragt wird.
- [ ] Ich habe verlässliche Lernpartner.

Überblick

☐ Ich schreibe immer mindestens eine Probeklausur.

☐ Ich weiß, wie ich mir abstrakte Fachwörter oder Formeln innerhalb kurzer Zeit leicht merken kann.

☐ Ich weiß, wie ich die wichtigsten Punkte einer Theorie oder einer Vorlesungsfolie schnell und sicher speichern kann.

☐ Ich weiß, wann die beste Zeit für Pausen und Wiederholungen ist.

☐ Ich habe ein System für Wiederholungen etabliert.

☐ Ich weiß, wie ich meine Mitschriften lernförderlich gestalte.

☐ Ich bringe die wichtigsten Zusammenhänge und Details meines Fachs auf den Punkt.

☐ Ich kenne wirksame Mittel gegen Prüfungsangst.

☐ Ich habe eine passende Taktik für die kommende Prüfung.

☐ Nach Prüfungen werte ich meinen Lernprozess aus.

☐ Ich passe meinen Lernprozess flexibel an das Lernziel an.

☐ Ich bin mit meinen Noten grundsätzlich zufrieden.

Punkte: ☐ von 25

bis 5: **Kaulquappe!**
bis 10: **Küken!**
bis 15: **Oho!**
bis 20: **Wow!**
20+: **Schummler!**

Arbeite nun das Buch mit Blick auf deine Verbesserungspotenziale durch und mache den Test noch einmal in ein paar Wochen.

Ein paar Bemerkungen für Zweifler

„Ich muss sehr intelligent sein, um erfolgreich zu lernen." Nein. Unser Gehirn besitzt über 100 Milliarden Neuronen. Sein Potenzial ist riesig. Es ist noch nicht gelungen, selbst Rechner mit gigantischen Kapazitäten so schlau zu machen wie uns. Leider wissen die meisten Leute mehr über die Kandidaten von Germany's Next Topmodel als über die Funktion ihres Gehirns. Wenn dein Kopf ein Supercomputer ist, dann kommt nun die Software, um seine Leistung zu vervielfachen.

„Lernen kann keinen Spaß machen." Im Gegenteil: Nur wenn es Spaß macht, lernen wir effektiv. Unser Gehirn speichert positive Erfahrungen und versucht, diese zu replizieren. Im entspannten Zustand nehmen wir Informationen besser auf.

„Man kann nicht alle Fächer über einen Kamm scheren." Man muss es zunächst: Es gibt Lernbücher, die zeigen im Detail, wie individuell Lernen ist und verwirren Leser, die erst einmal Grundlagen und Sicherheit brauchen. Es gibt viele Lerntricks, die für alle funktionieren. Diese möchte ich in diesem Buch herausarbeiten. Ist das Fundament gelegt, kann jeder seine Lernstrategie individuell anpassen.

„Kann man diese Techniken auch in der Schule anwenden?" Schüler profitieren sehr von diesem Buch. Sie können sich schneller Infos merken und Freizeit zurückgewinnen. Und je intensiver man sich bereits zu Schulzeiten mit diesen Techniken befasst, desto einfacher wird die Ausbildung bzw. das Studium.

„Bringen die Techniken im Beruf etwas oder bin ich zu alt?" Ein Mythos! Viele Annahmen über das Gehirn sind inzwischen widerlegt: Ja, es bilden sich auch im Erwachsenenalter noch neue Neuronen. Ja, man kann aktiv etwas gegen Vergesslichkeit tun. Ja, viele Techniken helfen auch, im Job den Überblick zu bewahren und Komplexes leichter zu verstehen. Nein, Alkohol zerstört keine Gehirnzellen (die wohl beste Nachricht)!

Los geht's ...

1

Der Trainingsplan

Bestimme deine Lernstrategie

Prüfungsangst ist ein riesiger Zeit- und Energiefresser. Erst macht sie nervös, dann raubt sie Schlaf und blockiert am Ende die Gedanken. Entspannungstechniken bringen nicht viel, wenn die Ursache nicht gepackt wird: Unsicherheit! Unsicherheit darüber, was drankommt, worauf Wert gelegt wird und ob man das Wissen im rechten Moment parat hat.

Je mehr man über eine Situation weiß, desto sicherer wird man. Schwächen können gezielt angegangen werden. Wir entwickeln deswegen nun eine auf deine nächste Prüfung angepasste Lernstrategie.

Zentrale Fragen
- *Wie bekomme ich heraus, welche Inhalte in der Prüfung drankommen?*
- *Was sind die Erfolgsfaktoren der nächsten Prüfung?*
- *Wie verhindere ich, dass ich mich verzettele?*

Warum ist der Weg nicht das Ziel?

Sicher kennst du die buddhistische Weisheit „Der Weg ist das Ziel". Leider trifft sie beim Lernen nicht zu – auch wenn viele Schüler und Studierende nach dieser Maxime leben und sich deshalb leicht verlaufen. Statt innezuhalten und zu fragen „Wieso?", schieben sie Überstunden und merken nicht, dass sie in die falsche Richtung unterwegs sind.

Das kann fatale Folgen haben, wie ich selbst leidvoll erfahren musste: Ich bereitete mich einmal intensivst auf die Bewerbung an meiner Traum-Uni vor. Da die Zulassungsprüfung anspruchsvoll war, legte ich mich mächtig ins Zeug und lernte ein komplettes Buch „Volkswirtschaft" auswendig. Zwar hatte ich theoretisch viele Mechanismen im Kopf. Praktisch war ich jedoch nicht in der Lage, das situationsbezogen anzuwenden. 400 Seiten Infos in meinem Kopf – alle wertlos! Zwei Monate hatte ich Stunde für Stunde Fakten, Diagramme, Definitionen gebüffelt. Umsonst. Ich hatte zu viel gelernt! Es wäre sinnvoller gewesen, mich mit einem Freund in den Park zu setzen und die Konzepte zu diskutieren. Mein großer Traum war geplatzt.

 Es bringt nichts, doppelt so schnell zu werden, wenn wir in die falsche Richtung unterwegs sind.

Das fleißige Bienchen mit dem Hammer

Uns hindern alte Gewohnheiten. In der Schule ist Lernen nicht so komplex wie im Studium oder in der Berufsprüfung. Dort muss man „nur" einen überschaubaren Lernstoff parat haben. Fakten sind gefragt. Man muss sich Infos sicher einprägen und genau so wieder abrufen. Später kommen ein paar Schreibfähigkeiten und mündliche Prüfungen hinzu. Der Fokus aber bleibt: Man testet, wie gut Schüler auswendig lernen können. Wer damit Erfolg hat, entscheidet sich für ein Studium. Doch nun unterscheiden sich die Struktur und Komplexität des Wissens stark nach Situation und Fach. Wer weiterhin auf dieselbe Art und Weise lernt, verschenkt Potenzial. Es gilt das „Gesetz des Hammers": Haben wir nur einen Hammer in der Werkzeugkiste, sieht jedes Problem wie ein Nagel aus. Dann versuchen wir, unsere Probleme immer mit derselben Technik zu lösen und beachten nicht die speziellen Anforderungen, die eine Variation der Methode erfordern würden. So klopfen wir wild drauflos, weil wir nur das Hämmern, aber nicht Schrauben, Sägen und Malern gelernt haben. Ein solcher Handwerker würde sofort entlassen werden!

 Haust du auch immer wieder in dieselbe Kerbe, ohne Dinge zu verändern?

Gab es in deiner Klasse auch Leute mit super Noten, die es im Studium plötzlich besonders schwer hatten? Unsere Klassenbeste hat ihr Studium fast abgebrochen! Meist ist es das gleiche Muster: Die fleißigen Bienchen schwirren umher. Sie haben gelernt, diszipliniert die anfallende Arbeit abzuarbeiten. Diese wird im Studium viel mehr, die Erfolgsfaktoren ändern sich. Nun gerät das fleißige Bienchen in Stress. Es schwirrt schneller und aufgeregter. Irgendwann kommt es nicht mehr mit oder verzettelt sich an verlockenden Blüten, die aber unfruchtbar sind.

Wir müssen unsere Welt auf den Kopf stellen

Lernbücher verwenden gern die Trilogie „Input – Verarbeitung – Output" in Anlehnung an den Computer, wenn sie von Lernprozessen sprechen. Diese Metapher stammt aus den 70ern und ist überholt. Das Gehirn ist kein PC. Es ist viel komplexer. Manchmal muss man Prozesse parallel bewältigen oder die Reihenfolge umdrehen. Ich brauche z. B. den Output (erste Zeilen), um neue Ideen und Input für meine Texte zu generieren. Die Gliederung in Wissensinput – Verarbeitung – Output hat noch einen weiteren Fehler: Sie stellt das Ziel ans Ende. Wir müssen uns aber **zum Anfang** bereits Gedanken über die Art der Wiedergabe machen! So kann der Stoff zielgerichtet aufbereitet werden. Das macht auch das Abrufen einfacher und sicherer.

	Passiv, datengetrieben	Proaktiv, zielbezogen
Tätigkeiten	Pflichtbewusstes Abarbeiten des Materials, mechanisches Wiederholen des Stoffes	Aufstellen von Erfolgskriterien, Setzen von Meilensteinen, Bestimmen der wichtigen Inhalte, vielseitiges Verarbeiten
Material	Vorgegeben, wird nicht hinterfragt	Wird ergänzt oder ersetzt, wenn Ursprungsmaterial ungeeignet ist
Gefühl	Orientierungslos, überfordert	Gefühl der Kontrolle, Stoff wirkt überschaubar, man traut sich zu priorisieren
Ergebnis	Angespannt, nervös, gestresst	Gefühl, etwas geschafft zu haben, Zufriedenheit

Der Trainingsplan

Bisher lernen viele nach dem Motto: „Was auf den Tisch kommt, wird gelernt!", also „datengetrieben". Sie nehmen alles hin, stopfen das Material in sich hinein, differenzierende Denkprozesse sind auf „AUS" gestellt. Dieses passive Lernen ist nicht effizient. Wir müssen uns pro-aktiv einen eigenen Fahrplan entwerfen, die Themen abgrenzen, ein-teilen und lebhaft aufbereiten.

Ein positives Beispiel ist das „Phantom": Bei uns kannte man eigentlich alle Studieren-den, das Phantom aber habe ich nur ein einziges Mal im Kopierraum getroffen. Wir kamen ins Gespräch und das Phan-tom erklärte mir: *„An dieser Uni kommt es mehr darauf an zu zeigen, dass man kritisch denken kann. Deswegen kopiere ich mir nur zentrale Texte, arbeite diese gründlich durch und diskutiere die mit einem Kumpel. Das hat bisher immer gereicht!"* Uiiihh, da stand ich mit meinen dicken Kopierordnern. Entblößt in meinem Detailfimmel.

Ein anderes Aha-Erlebnis hatte ich bei einer Teamarbeit für eine Prä-sentation. Während ich gründlich gelesen hatte und mit meinem Kol-legen zuerst über den Inhalt sprechen wollte, hatte dieser den Text lediglich überflogen und bestand darauf, dass wir zuerst die Prä-sentationsstruktur entwerfen und gezielt nur die notwendigen Infos heraussuchen. Während ich zwei Tage und zwei separate Treffen ein-geplant hatte, waren wir bereits nach drei Stunden fertig.

Oft dauert es nicht lang, die Erfolgsfaktoren zu bestimmen: Stefan muss 80 Bücher für die Literaturprüfung lesen. Nach kurzer Diskussion im Seminar wird klar, dass er die Bücher gar nicht im Detail lesen, son-dern einordnen muss. Er muss dafür im Groben die Inhalte kennen und verstehen, warum ein Buch für eine Epoche bedeutsam ist. Statt ein Buch zeilengenau zu lesen, muss er sich mehr mit dem Buch an sich und seinen Hintergründen beschäftigen. Zeitbedarf für das Gespräch: 15 Minuten. Ersparnis: viele schlaflose Nächte.

Die vier Säulen des Prüfungserfolgs

Doch was sind die Erfolgsfaktoren einer Prüfung? Worauf kommt es an? Frage ich das im Seminar, kommen Antworten wie:

Rechtzeitig beginnen | Zusammenfassungen machen | Wiederholen | Motivation | Mitschreiben | Lerngruppen | Interesse wecken | Selbstsicherheit | Disziplin | Ruhe | Ordnung

Das ist ein Anfang. Schaut man aber genauer hin, sind das eher Dinge des Selbstmanagements. Die Frage ist doch: „Was sind die Erfolgsfaktoren, damit ich *die Prüfung* bestehe?" Ich muss also aus der Prüfungsperspektive denken. Vor einem Boxkampf analysieren Trainer und Sportler den Gegner im Detail. Dann bestimmen sie eine Strategie, um diesen zu bezwingen und arbeiten an entsprechenden Schwachstellen.

Eine gelungene Prüfung besteht nicht nur aus der Menge des Lernstoffs. Dessen Qualität, Abfrageform, Timing und gute Intuition sind ebenfalls wichtig:

Keine Frage: Solides Fachwissen ist der Kern jeder Prüfung. Doch je nach Prüfungsform muss es anders ausgedrückt und angewandt werden („Verpackung"). Gehst du zuversichtlich und entspannt in die Prüfung, sind deine Chancen höher. Ziel dieses Kapitels ist nun, ein besseres Gefühl für die Art und Verpackung des Wissens zu schaffen und den Zufallsfaktor zu reduzieren.

Erfolgsfaktor 1: Das Fachwissen

Natürlich musst du dich in den einzelnen Themen auskennen, die Photosynthese verstehen, eine Ableitung bilden können, Paragrafen richtig rezitieren oder die Kernaussagen der großen Philosophen kennen. Doch gerade Leute, die zu gründlich auf Prüfungen lernen, werden enttäuscht – weil sie 120 Prozent geben und die berühmten ZDF (Zahlen, Daten, Fakten) auswendig lernen. Dann werden sie überrascht, wenn Anwendungen, Beispiele und Interpretationen gefragt sind. Und das ist fast immer der Fall! Es ist ein großer Unterschied, ob Informationen lose nebeneinander – wie in einer Datenbank – gespeichert sind, oder ob sie im Zusammenhang stehen. Einem Maler bringen 120 einzelne Farben nichts – nur eine geschickte Komposition auf der Leinwand beeindruckt. Das unterstreicht auch ein Konzept aus der Wissenssoziologie, welches Daten, Informationen und Wissen unterscheidet:

1. **Daten.** Fakten, Statistiken, Zahlen, Wörter, Fachbegriffe, Namen sind der Grundstoff des Lernens – aber allein bedeutungslos. Das Wort „Metoprolol" sagt uns zunächst nichts. Es fehlt der Kontext. Ohne Bezug sind Daten wertlos.

2. **Informationen.** „Nehmen Sie das Medikament „Metoprolol" 3 x täglich unzerkaut nach dem Essen, wenn Sie Bluthochdruck haben." Nun ist das Wort „Metoprolol" in einen Bedeutungszusammenhang eingebettet. Wir wissen, dass es eine Medizin ist und wie wir sie verwenden. Informationen sind also Daten mit einer Bedeutung bzw. einem gewissen praktischen Nutzen.

3. **Wissen.** Hoffentlich *weiß* der Arzt, der Metoprolol verschreibt, genügend über das Medikament. Er muss unser Krankheitsbild bewerten, Wechselwirkungen mit anderen Medikamenten kennen und die richtige Behandlungsform und Dosierung wählen. Er integriert verschiedene Infos, bezogen auf einen bestimmten Fall.

	Daten	Informationen	Wissen
Definition	Zahlen, Wörter, Texte, Grafiken, Bilder, Sprache	Daten mit Bezug. Eine nutzbare Antwort auf eine konkrete Frage.	Verbundene Informationen. Flexible Anwendung und Anpassung.
Beispiel	1492	1492 hat Kolumbus Amerika entdeckt.	Kolumbus' Entdeckung begründete eine neue Wirtschaftsform, den Kolonialismus
Lernart	**Fakten-orientiertes Lernen** (Oberfläche): Merken von unzusammenhängenden Fakten, Details, unveränderte Wiedergabe	**Anwendungs-orientiertes Lernen** (Kontext): Konkretisierung durch eigene Erfahrungen und praktische Anwendung	**Verständnis-orientiertes Lernen** (tiefes Lernen): Teile werden zu einem Ganzen verbunden, Zusammenhänge gesucht, eigene Schlüsse gezogen
Ergebnis	Vordefinierte Antworten auf konkrete Fragen	Informationen sind in einem bestimmten Zusammenhang nutzbar	Wissen kann flexibel auf unterschiedliche Fragen angewandt bzw. neu abgeleitet werden
Weiterentwicklung	Daten werden durch Interpretation und Bezug zum Vorwissen zu Informationen	Informationen werden durch Verknüpfungen zu Wissen	Wissen wird gefestigt durch Variation, Anwendung, Erfahrung, sowie durch Integration neuer Infos

Diese drei Komponenten von Wissen sind wie eine Leiter: Beim Lernen arbeiten wir uns die einzelnen Stufen empor: Zunächst haben wir einzelne Worte oder Fakten, die wir in Informationen verwandeln müssen. So stehen beispielsweise auf PowerPoint-Folien viele Daten, die erst mit dem Einordnen in einen Kontext zu einer Information werden. Das Gehirn kann sich Dinge nur merken, wenn es diese einordnen kann. Dazu benötigt es Verbindung zum Vorwissen und einen praktischen Bezug.

Im zweiten Schritt müssen die Informationen derart verknüpft werden, dass sie flexibel an neue Situationen und Aufgaben angepasst werden können. Erst dann „wissen" wir etwas. Das Schöne daran: Haben wir ein dichtes Wissensnetz erarbeitet, können wir daraus Informationen ableiten: Wer etwas „weiß", braucht sich nicht um das Vergessen zu sorgen, weil er die Logik und Systematik verstanden hat. Es hat einmal klick gemacht – man kommt auch später wieder durch Ableitung zur richtigen Lösung. Der Vorteil zeigt sich in Stresssituationen wie Prüfungen, denn ein dichtes Wissensnetz ist viel **robuster** als einzelne Fakten. Auch wenn sich die Fragen ändern, kann man flexibel darauf eingehen. Selbst wenn man eigentlich „nur" Fakten auswendig lernen muss, lohnt es sich also, ihren Zusammenhang und die Bedeutung zu verstehen.

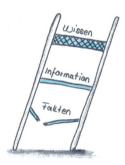

Vorsicht Falle! Daten scheinen objektiver und griffiger. Es fällt schwer, sich von ihnen zu lösen: Man liest die Worte und Sätze (Daten) und sucht nicht nach den darüberliegenden Inhalten und Aussagen (Informationen). Den Lernstoff so hinzunehmen wie er ist, scheint bequemer: Man muss wenig Energie aufwenden, nicht weiterdenken, keinen eigenen Standpunkt finden. Als Folge werden Fakten auf Kosten der anderen beiden Stufen überlernt.

 Richte den Fokus auf Zusammenhänge und Verständnis. Viele Details leiten sich automatisch daraus ab.

Erfolgsfaktor 2: Die Verpackung/Prüfungsform

Eine Prüfung misst nicht nur Fachwissen, sondern auch, wie gut du dieses im Hinblick auf eine bestimmte Abfrageform anwenden und verpacken kannst. **Klausuren** z. B. messen vor allem auch die Fähigkeit, Klausuren schreiben zu können. Dazu gehört:

- wie gut du unter Zeitdruck arbeiten kannst (Belastbarkeit),
- wie gut du dein Wissen auf eine Fragestellung anwenden kannst (Themenbezug),
- wie gut du deine Gedanken strukturieren kannst (Logik/Argumentationsfähigkeit),
- wie gut du deine Gedanken klar, präzise und eindringlich ausdrücken kannst (kommunikative Fähigkeiten),
- ob du das Global Picture (S. 91) erkannt hast (Überblick),
- ob du dich auf wesentliche Faktoren/Inhalte fokussieren kannst (Fähigkeit zum Priorisieren),
- eigene Ideen, Beispiele und deine Meinung (Kreativität, Praxistransfer, Beurteilungsgabe).

Du magst ein brillantes Gedächtnis haben. Leider bringt dir das nicht viel, wenn du in der Klausur die Zusammenhänge nicht treffsicher formulieren kannst. Das gilt auch für **mündliche Prüfungen.** Die messen nicht nur Wissen, sondern auch:

- wie gut du argumentieren und dich präsentieren kannst,
- wie gut du das Wesentliche im Blick behältst,
- wie gut du das Wissen verstanden hast,
- wie flexibel du auf neue Problemstellungen reagierst.

Präsentationen – du ahnst es längst – messen nicht nur die Auswahl und Korrektheit des Wissens, sondern dessen Struktur, deine Mimik und Gestik, rhetorische Fähigkeiten und den Umgang mit der Technik. Ein Kommunikationspsychologe aus den USA hat eine gern zitierte Studie verfasst, wonach bei öffentlichen Präsentationen der Inhalt nur zu sieben Prozent ausschlaggebend war, wie kompetent der Sprecher eingeschätzt wurde. Sieben Prozent! Der Rest waren Auftreten,

Selbstsicherheit, Präsentation! Zwar wird in Prüfungen auf die Inhalte geschaut und versucht, „objektiv" zu sein. Dennoch: Struktur,
Beispiele und eine klare, deutliche Sprache sind die Essenz einer guten Präsentation! Sozialpsychologische Studien belegen: Der Gesamteindruck beeinflusst die Einschätzung des Inhalts. Wenn jemand statt
mit T-Shirt im Jackett und vielleicht mit Brille präsentiert, wird er unbewusst als kompetenter wahrgenommen. Seine Glaubwürdigkeit
steigt. Das führt zu einer positiveren Bewertung des Inhaltes, auch
wenn dieser völlig gleich geblieben ist. Eine ähnliche Wirkung hat Sprache: Ist sie hoch-gequetscht bis piepsig-unsicher oder spricht der Vor-
tragende selbstbewusst dem Publikum zugewandt?

Hausarbeit. Auf der folgenden Seite habe ich einmal einen Bewer-
tungsbogen für schriftliche Arbeiten organisiert, den eigentlich nur
Prüfer bekommen (man hat seine Quellen). Betrachte die drei Bewertungskriterien: Auffällig ist, dass das *dritte*, unwichtigste Kriterium
„Formelles" am klarsten definiert ist. Diese Punkte sind am einfachs-
ten zu kontrollieren – gerade weil sie nichts mit dem Inhalt zu tun
haben. Allein durch korrektes wissenschaftliches Arbeiten und konsis-
tente Formatierung sicherst du dir bereits 20 Prozent!

Das *zweite* Kriterium „Bezug zum Seminar" lässt sich ebenso gut erfüllen. Erstelle eine Checkliste, in der du die wichtigsten Theorien des Seminars auflistest, die du dann in deine Argumentation einbaust. Oder
schreibe eine „Vokabelliste" mit den zehn wichtigsten neuen Fachbegriffen, die du in deinen Text einstreust. Spiele direkt auf Situationen und Diskussionen aus dem Seminar an. Das wird das Herz des
Korrektors erwärmen.

Das *erste* Kriterium bezieht sich auf eine Fallstudie bzw. eine Hausarbeit für ein selbst gewähltes Thema. Hier sieht man deutlich, dass der
Inhalt nur Mittel zum Zweck ist. Man will eigentlich sehen, wie gut du
argumentieren und schreiben kannst (Gliederung, Struktur, roter Faden).

1. Fragestellung und Zielsetzung, fachliche und methodische Bewertung (50 %)

- [ ] Plausibilität der Argumentation
- [ ] schlüssiger Aufbau (Gliederung, Struktur, roter Faden)
- [ ] methodische Vorgehensweise (angewandte Methoden)

2. Bezug zum Seminar (30 %)

- [ ] Umsetzung der Seminarinhalte Bereich A
- [ ] Umsetzung der Seminarinhalte Bereich B

3. Wissenschaftliches Arbeiten & formale Bewertung (20 %)

- [ ] Aufbau der Gliederung (klar strukturiert, logisch vs. chaotisch, unstrukturiert, kein roter Faden, keine Seitenzahlen)
- [ ] Dokumentation (richtige und einheitliche Zitierweise, Bibliographie, Fußnoten vs. Zitierung fehlt komplett, ist fehlerhaft oder uneinheitlich)
- [ ] Lesbarkeit / Sprache (sprachlicher Ausdruck, Grammatik, Fachbegriffe, Überleitungen, Zusammenfassung vs. Schachtelsätze, keine Absätze, unwissenschaftliche oder saloppe Sprache, viele Rechtschreibfehler)
- [ ] Formatierung (Abbildungen, Absätze, Layout, Bindung, Silbentrennung, Abstände, leere Seiten, zu wenig Rand, zu geringe / große Schriftgröße, Einheitlichkeit)

Erfolgsfaktor 3: Tagesform und Energielevel

Energie, Entspannung und Schlaf. Eine gute Tagesform am Tag X ist nicht zu unterschätzen. Es bringt nichts, bis spät in die Nacht hinein zu lernen, oder sich die Tage davor total fertigzumachen, um dann vollkommen übermüdet Bestleistungen bringen zu wollen! Auch das Immunsystem wird angegriffen. Wer schon einmal mit einer Erkältung eine Klausur durchstehen musste, weiß: Das ist Horror! (Vor allem für deinen Banknachbarn, der dich für dein Geschniefe am liebsten erwürgen würde ...)

Zeitmanagement, Motivation, Organisation. Deine Tagesform hängt wiederum von deinem Zeit- und Stressmanagement ab. Ein Studienfreund war fachlich brillant und seine Hausarbeiten waren ein Traum: Butterweich zu lesen, in einer mitreißenden Eleganz entwickelte er faszinierende Argumentationslinien. Er hätte immer eine glatte Eins bekommen – wenn er ein einziges Mal pünktlich abgegeben hätte.

Prüfungen messen also auch, wie gut du mit Stress umgehen und wie gut du dich vorher organisieren kannst, um nicht total gestresst in die Prüfung zu gehen. Du bist oft gut vorbereitet, hast aber das Gefühl, deine PS nicht auf die Straße bringen zu können? Dann sind für dich ein solider Lernplan („Progress-o-Meter", S. 53) und Kapitel 2 für dich Pflicht!

Erfolgsfaktor 4: Glück

Ich hatte mal ein Referat, in das ich mich richtig hineinkniete. Es kam auch gut beim Prof an. Dennoch gab er mir „nur" eine Zwei, obwohl er betonte, dass es „sehr gut" gewesen war. Ich wurde stutzig. Wenn ihm alles gefallen hat, warum diese Note? Er meinte, dass ich in zwei Vorlesungen gefehlt hätte und dies in die Bewertung eingeflossen sei. Wie unfair! Es stand doch ausdrücklich in der Seminarbeschreibung, dass allein das Referat prüfungsrelevant war! Hier hatte ich keinen guten Riecher, diesen komischen Kauz einzuschätzen: Er war einfach beleidigt, weil nur sechs Studierende zu seiner letzten Vorlesung vor seinem Ruhestand gekommen waren.

Letztendlich ist immer ein Quäntchen Glück im Spiel. Manchmal kommt dein Traumthema, das dich wirklich interessiert und nur so von der Hand geht – beim nächsten Mal tun wir uns dafür schwerer. Die Frage also ist: Wie berechenbar ist deine nächste Prüfung? **Je unberechenbarer, auf desto mehr Szenarien musst du dich einstellen!** Überlege dir Strategien, um im Falle einer Fehleinschätzung einen „Plan B" zu haben. Setze nicht alles auf eine Karte.

Wenn eine Prüfung immer auch ein wenig Zufall beinhaltet, sagt das aber auch: Wenn wir gut vorbereitet sind, sind wir gut vorbereitet. **Überlernen ist Zeitverschwendung!** Kümmere dich lieber um deine anderen Fächer und Projekte. Selbst wenn du in einem Fach mal daneben langst, kannst du das in anderen Fächern kompensieren. Der Erfolg eines Sportlers hängt auch nicht von nur einem Wettkampf ab. Verlorene Wettkämpfe sind wichtige Erfahrungen und geben dir Hinweise, um langfristig besser zu werden.

Was lernen wir daraus?

1. **Fakten sind nicht genug.** Klammere dich nicht an Daten. Traue dich, diese zu deuten, zu interpretieren, einen persönlichen Bezug herzustellen. Dein Erfolg hängt nicht davon ab, wie viele Zahlen und Fachwörter du im Schlaf rezitieren könntest, sondern wie gut du sie anwenden kannst.

2. **Prüfungserfolg basiert auf mehreren Faktoren.** Die Dinge immer auf die gleiche Art und Weise zu tun, ist nicht Erfolg versprechend. Wann kommt es auf Fakten an? Wann müssen wir die Zusammenhänge verstanden haben? Zum Lernen gehört nicht nur das Pauken, sondern auch das Steuern von Prozessen, das Einstimmen, Strukturieren, Reduzieren, Verbalisieren sowie die Gewichtung je nach Prüfungsform und Ziel.

3. **Geh nie in eine Prüfung ohne einen Probedurchlauf!** Eine Prüfung misst Wissen *und* eine spezifische Kompetenz. Eine Freundin lernte kürzlich Tag für Tag bis tief in die Nacht hinein für eine Klausur. Sie war so aufgeregt, dass sie in der Nacht schlecht schlief und sich kaum konzentrieren konnte. Als der große Tag kam, war er schnell wieder vorbei. Zu schnell: In nur zwei Stunden konnte sie gar nicht alles niederschreiben, sie hielt sich zu lange an einer Frage auf, fand keine treffenden Formulierungen, wiederholte sich oft. Kein Wunder: Die Situation war vollkommen neu für sie – sie hatte keine einzige Probeklausur geschrieben!

4. **Investiere in Schlüsselkompetenzen.** Ich wundere mich, wie wenige Studierende je ein Buch über wissenschaftliches Arbeiten gelesen, Lerntechniken geübt oder einen Präsentationskurs besucht haben. Klar ist das ein Zeitinvestment. Aber was sind wenige Tage im Tausch gegen ein größeres Selbstbewusstsein und bessere Noten?

op: Die perfekte Prüfungsstrategie

Wie bekomme ich heraus, was wichtig ist? Wie kann ich entscheiden, wann ich genug weiß? Was muss ich mir besonders anschauen, was kann ich vernachlässigen? Zu einer guten Prüfungsvorbereitung gehört eine Priorisierung. Sonst paukt man aus Unsicherheit jedes Detail und bekommt ein Gefühl der Enge. Hundertprozentig wird man diese Fragen nie beantworten und selten kann man hellsehen. Doch es gibt ein paar nützliche Schritte, um die Unsicherheit zu verkleinern.

1. Rekapituliere deine Ziele

Was sind deine Ziele für die Prüfung? Willst du nur bestehen oder peilst du die Bestnote an? Schaust du nach einem guten Aufwand/Noten-Verhältnis oder willst du möglichst viel (für dich) lernen?

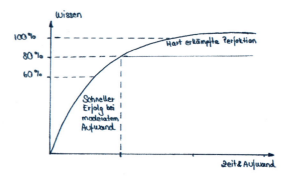

Je besser wir sein wollen, desto überproportionaler müssen wir Zeit investieren. Oft reicht es, 80 bis 90 Prozent des Stoffes gut gelernt zu haben. Die Kunst besteht darin, zentrale Inhalte zu identifizieren und diese dafür richtig gut zu verstehen.

Ordne dein Ziel für die nächste Prüfung ein:

120 % | **Wissen erweitern.** Du lernst nicht für den Prüfer, sondern für dich. Das ist dein absolutes Lieblingsthema, du willst alles darüber wissen. Die Prüfung ist dir eigentlich egal. Dann ist ein hoher Zeiteinsatz gerechtfertigt und die Motivation oft nicht so schwer, weil sie von innen kommt.

100 % | **Kein Fehler / Risikominimierung.** Du willst eine Topnote! Aber Vorsicht: Gib nicht 150 Prozent – die Gefahr, sich so zu verzetteln, ist zu groß! Stelle Kriterien auf: Was musst du wissen? Was sind die Erfolgsfaktoren? Werde gut darin, dein Wissen eloquent auf den Punkt zu bringen, Zusammenhänge zu verstehen und weiter zu denken, als es die anderen tun!

80 % | **Schwerpunkt-Strategie:** Ein gutes Verhältnis von Aufwand und Lifestyle ist dir wichtig. Du brauchst Mut zur Lücke. Je nachdem, wie groß die Wahlfreiheit ist, kannst du Schwerpunkte setzen. Erlaubt eine Klausur die Auswahl von Fragen (z. B. drei aus fünf) kannst du zwei Themenblöcke ignorieren, ohne ein Risiko einzugehen.

60 % | **Mini-Max-Strategie:** Du willst mit geringem Aufwand vor allem eins: bestehen. Gerade für dich ist es wichtig, eng an den Erfolgsfaktoren zu bleiben, um Unnötiges zu sparen.

⭐ **„Die letzten 10 bis 20 Prozent sind diejenigen, die mich vor Prüfungen regelmäßig zum Wahnsinn treiben. Nimmt man sich nur 80 bis 90 Prozent vor, fällt eine riesige Last von einem."**
Vanessa

2. Welche Inhalte muss ich verstehen?

Meist wird kein einzelnes Thema geprüft, sondern der Stoff des gesamten Seminars, Schuljahrs oder Semesters. Deine Mission: herausfinden, wie wichtig und wahrscheinlich die einzelnen Teile sind. In der Regel wiederholen sich Prüfungen in der Grundstruktur. Zudem ist es ein riesiger Aufwand, Klausurfragen komplett neu zu stellen. Meist wird nur die Frageform verändert. Das zugrundeliegende Bewertungsschema, die geforderten Kompetenzen und die gleiche Mischung aus Aufgabentypen sowie relevante Themengebiete bleiben meist gleich. Um das besser zu erfassen, hilft es, folgende Faktoren zu kennen:

Anzahl der Fragen der letzten Klausuren. Sophie, Biologin, hat z. B. ausgezählt, dass in den letzten drei Jahren immer genau 26 Fragen drankamen: acht (30 %) davon zum Thema Hormone, sechs (25 %) zur Photosynthese und in den verbleibenden zehn Fragen wurden je zwei bis drei Fragen zu den anderen Stoffgebieten (z. B. Berechnungen) gestellt. Ihre Lernprioritäten wurden griffiger: Sie muss alle Hormone und den Prozess der Photosynthese in- und auswendig können, dann hat sie mit diesen beiden Themen 55 Prozent der Klausur abgedeckt. Es fehlen noch zwölf Fragen, die sich auf fünf weitere Themen aufteilen. Bei den komplizierten Rechnungen beschränkt sie sich auf zwei (von drei) Berechnungsarten, die ihr persönlich gut liegen. Das verwirrt sie weniger und sie verliert dadurch maximal eine Frage. Ein kalkulierbares Risiko. Nun teilte sie ihre Lernzeit auf: Hormone = 25 Stunden, Photosynthese = 25 Stunden, je 5 Stunden für die fünf weiteren Themen.

Alte Klausuren gibt es beim Prüfer, Prüfungsamt, bei höheren Semestern oder der Fachschaft. Im Zweifel lohnt sich gezieltes Googeln nach „Prüfungsfragen/Tipps für XY; Erfahrungen mit Prüfung XY" etc.. Manchmal haben Studierende anderer Unis Fragen zu ähnlichen Prüfungen gepostet. Mediziner schreiben gern „Gedankenprotokolle" und halten darin die Fragen und Antwortmöglichkeiten ihrer Multiple-Choice-Tests fest. Gibt es keine Fundstelle oder ist das Fach brandneu, bitte den Dozenten um Probeaufgaben. In der Schule empfehlen sich gute Beziehungen zu höheren Jahrgängen. Diese kennen die harten Nüsse, hilfreiche Tricks und die Marotten des Lehrers.

Gewichtung. Wie wurden die einzelnen Unterrichtsthemen gewichtet? Hat der Dozent ein Thema länger als geplant unterrichtet, dafür ein anderes gekürzt? Was nicht besprochen wurde bzw. was am Ende nicht wiederholt wird, ist oft nicht so wichtig. Gleiche dann die Vorlesungsfolien mit dem Buch ab. Wo liegen die Schwerpunkte? Welche Bereiche überlappen sich?

Vollziehe die Struktur der Vorlesung nach: Wie viele Folien gehören zu einem Themenblock? In welchem Teil gibt es die meisten Beispiele, Berechnungen, Statistiken, Exkurse? Zu welchen Themen musstet ihr zusätzlich ein Buchkapitel lesen? Zu welchen Inhalten gibt es die meisten Literaturempfehlungen?

Ein BWLer hat festgestellt, dass die Vorlesungen zwar ins Thema hineinführen, dass in den Prüfungen aber zu 80 Prozent der Übungsstoff und die Rechnungen aus den Tutorien gefragt sind. Er übte mehr Aufgaben und sah der Theorie gelassener ins Auge.

Wo ist der Kern? Ziel ist es, einen gemeinsamen Nenner, hinter den einzelnen Fragen liegende Muster und Gemeinsamkeiten zu finden. Trage die Erkenntnisse zusammen. Unterschiedlichen Prüfungsfragen liegt oft dasselbe Ziel zugrunde. Betrachten wir einige Klausurfragen der letzten Jahre einer Statistikprüfung:

Diskutiere die Herausforderungen von quantitativen und qualitativen Forschungsmethoden bei der Erforschung von XY.

Diskutiere die Dinge, die es zu beachten gilt, wenn man zwischen einem qualitativen und einem quantitativen Forschungszugang auswählen muss.

Die Logik von quantitativer und qualitativer Forschung ist gleich. Diskutiere!

Vergleiche und kontrastiere die Annahmen und den Aufbau dieser beiden Forschungsmethoden: „eine Umfrage" und „eine ethnographische Studie".

Was fällt auf? Es geht immer um einen Vergleich der Vor- und Nachteile und der Anwendung der zwei grundlegenden Forschungsparadigmen: entweder quantitativ mit statistischen Auswertungen (dazu zählen Umfragen, wie in Frage 4 verschleiert dargestellt) und qualitative Auswertungen (dazu zählen ethnografische Studien). Alle Fragen wollen auf ein und denselben Kern hinaus! Hat man dieses **Muster durchschaut,** kann man ein entsprechendes Schema erstellen (S. 184). Die Komplexität und Unsicherheit wird reduziert, es lernt sich viel entspannter.

Ebenso verhält es sich mit Berechnungen. Es gibt pro Fach nur eine bestimmte Anzahl von grundlegenden Verfahren oder Rechenarten, die man beherrschen muss (S. 205). Alles drumherum sind Variationen und Anwendungen. Was sind die zugrundeliegenden wesentlichen Kernkompetenzen, die du zeigen/üben musst?

 **Die Zeit beim Lernen reicht nie für alles,
aber immer für das Wesentliche.**

Man kann ungefähr zehn Prozent des Vorlesungsstoffs von vornherein aussortieren (Exkurse, Beispiele, irrelevante Themen). Darüber hinaus ist es aber meist riskant, zu sehr auf Lücke zu lernen. Es ist einfacher, innerhalb der Themen zu gewichten. **Spare lieber an Details, nicht an Themen!** Ein guter Überblick („Global Picture") über die Kernthesen und Zusammenhänge der Unterthemen sind mehr wert als 100 Fußnoten. Der Progress-o-Meter (S. 51) soll dir helfen, das Wichtigste von jedem Teilgebiet zu erarbeiten, ohne zu viel Zeit pro Bereich zu verschwenden.

Was häufiger geprüft wird

- „Harte" Fächer: Anwendungen von Beweisen, aus Theorien abgeleitete Implikationen, Deduktion, Rechenwege, Transferaufgaben

- „Weiche" Fächer: Kontroversen, Debatten, Denkschulen, Hauptaussagen von Autoren

- Inhalte, die weiter hinten im Semester / Jahr behandelt wurden

- Verständnis und Anwendungen

- Überschneidungen von Themengebieten (gleicher Inhalt in Übungen, Unterricht, im Buch)

- (Forschungs-)Interessen des Profs

- Zusammenfassungen und Wiederholungen von Inhalten im Unterricht / in den Arbeitsmaterialien

- Aufgaben aus Übungen und Tutorien (vor allem die, die mehrmals in Abwandlungen vorkommen)

- Je nach Fach (z. B. Jura, VWL, Soziologie) werden gern aktuelle Themen aus den Medien diskutiert

Was meist nicht explizit geprüft wird

- Einführungslektionen

- absolute Grundlagen (Basis-Formeln, Definitionen)

- detaillierte Formeln und Herleitungen, mathematische Beweise (in angewandten Fächern wie BWL oder Statistiken)

- beschreibendes Material

- Beispiele, die nur zum Verständnis einer Theorie angeführt wurden

- Exkurse

- Inhalte der letzten / vorletzten Vorlesung (wenn das Thema neu und sehr komplex ist und der Prüfungstermin unmittelbar bevorsteht)

- Gast-Lektionen

3. Welche Kompetenzen sind gefragt?

Lernen setzt sich aus unterschiedlichen Kompetenzen zusammen. Manchmal heißt Lernen lediglich auswendig lernen, oft jedoch stehen Verstehen, Verinnerlichen und Automatisieren neuer Verfahren und Bewegungen bzw. eine gewisse Art zu denken und Dinge zu analysieren im Vordergrund.

Welche Anforderungen stellt die Prüfung an dich? Ist es ein Multiple-Choice-Test, der Einzelinformationen abfragt (Details wichtig) oder eine anwendungsorientierte Prüfung, die viel Verständnis erfordert (Details können reduziert werden)? Als Faustregel gilt: Je mehr praxisrelevantes Wissen, Anwendung oder Berechnungen verlangt werden, desto mehr musst du üben. Je konzeptioneller und theoretischer die Prüfung, desto mehr Lesen, Zusammenfassen und Mindmapping sind gefragt.

Die Tabelle soll zeigen, dass jede Prüfung eigen ist und von anderen **Erfolgsfaktoren** bestimmt wird. Gern werden in einer Prüfung mehrere Aufgabentypen kombiniert. Matthias hat z. B. eine Mischung aus 1. offenen Fragen, 2. Multiple Choice und 3. Rechenaufgaben. Für den ersten Teil muss er Theorien und Argumente in Zusammenhang bringen, für den zweiten Teil Namen und Daten auswendig lernen und für den dritten Teil üben, üben, üben.

Details sind nicht per se zu verurteilen – sie werden gern aufgrund der guten Nachprüfbarkeit gefragt. In Fächern wie Jura, Medizin und Ingenieurwesen sind sie sogar lebensnotwendig. Versuche, die zentralen Fakten zu verstehen, aber halte dich dennoch nicht zu lange an Nebenschauplätzen auf.

Verlangte Kompetenz	Folge für meinen Lernprozess
Eine **Klausur** prägnant schreiben	Ich muss schreiben üben! Ich brauche ein Schema, sollte mir Mustersätze, Einleitung und Schluss zurechtlegen und am Stil arbeiten.
In der **mündlichen Prüfung** Dinge flexibel anwenden	Ich muss wiederkehrende Spannungsfelder und Debatten identifizieren und diskutieren. Ich muss Vor- und Nachteile kennen, treffende Beispiele finden und evtl. aktuelle Probleme aus der Gesellschaft bzw. Politik analysieren.
Ein **Referat** mit treffsicheren Beispielen erstellen	Ich muss gute Quellen finden und Kernaussagen filtern. Dann muss ich das Thema in eine logische Reihenfolge bringen und anschaulich mit Bildern, Statistiken, Diagrammen visualisieren.
Beim **Multiple-Choice** nicht verwirren lassen	Ich muss exakt auf Begriffe und kleine Abgrenzungen achten und darf Bindewörter (und / oder etc.) nicht überlesen.
Diagramme und Formeln zeichnen und **erklären**	Ich muss meine Fähigkeiten in der Interpretation und Kommunikation üben, z. B. indem ich die Grafiken verschiedenen Leuten erkläre.
Eine **Sprache** lernen	Ich muss Vokabeln lernen, die Grammatik verstehen und anwenden, unregelmäßige Formen kennen, die richtige Aussprache und Schreibweise einprägen.
Statistik lernen	Ich muss die Regeln lernen, Rechenwege üben und verinnerlichen, Voraussetzungen und Grenzen der Verfahren und Tests verstehen.
Rechnen, Logik verstehen, eine **Art zu denken** annehmen	Ich muss immer wieder Aufgaben lösen, Fälle üben. Ich muss Musterlösungen erarbeiten, anhand derer man ähnliche Probleme einordnen kann. Ich muss viel mit anderen lernen und argumentieren.
Juristische Fälle lösen	Ich muss die Subsumtion üben und Fälle lösen, bis sie mir zu den Ohren herauskommen! Ich muss aktuelle Gerichtsurteile nachvollziehen und brauche viel Geduld: Durch ganz viel Üben des Prüfschemas werde ich es letztendlich verinnerlichen.
Zeichnen lernen	Ich muss lernen, genau zu beobachten, meine Wahrnehmung schulen und die Feinmotorik üben. Ich muss ein leeres Blatt strukturieren, die Perspektive übertragen können und auf viele Feinheiten achten.

4. Psychogramm des Profs/Lehrers erstellen

Ein Detektiv beobachtet genau die Eigenheiten eines Menschen, um seine nächsten Schritte vorherzusagen. Da jeder Prüfer anders tickt, solltest auch du ein „Psychogramm" deines Lehrers bzw. Profs erstellen: **Welches Ziel verfolgt er?** Worauf legt er besonders Wert? Hat er Lieblingsthemen? Pocht er auf eine spezielle Theorie oder (s)ein Buch oder ist er offen für andere Blickwinkel?

Gerade mündliche Prüfungen sind extrem personenabhängig: Musst du Dinge nur runterbeten, Verständnis zeigen, gute Beispiele bringen oder will der Prüfer einen kritischen Diskurs führen? Stellt er gerne fiese Fragen oder ist er handzahm?

Ein prägnantes Erlebnis hatte ich bei einem Prüfungsgespräch. Alles gut, so das Feedback. Aber keine Bestnote! Warum? Der Prof meinte, um wirklich gut zu sein, müsse man aus der Theorie ausbrechen können, unerwartete, neue Gedanken haben. Tatsächlich passte das ins Bild: Der Prof war ein Freigeist und berüchtigt für seine provokanten Ideen und unterhaltsame Vorlesungsart. Er war ein älteres Semester und gelangweilt, seit Jahren dasselbe zu hören. Nun war das Erfolgsrezept für seine Prüfungen klar: ihn überraschen, zum Denken bringen, entzücken. Für die nächste Prüfung bereitete ich mutige Thesen vor, die etwas abwegig erschienen, doch um die Ecke gedacht stichhaltig waren. Ein anderer Prof hätte mich wohl aus der Uni gejagt, aber er war begeistert! Mein Fazit: Gib dem Prof, was er will, und du bekommst die Note, die du möchtest.

 „Der Professorin gefällt es, wenn man gute Beispiele geben kann, die weder in der Vorlesung noch im Lehrbuch vorkommen und der Prüfling möglichst viel redet. Nicht mein Steckenpferd, aber ich werde mich bemühen!"
Katrin

Was würdest du an seiner Stelle prüfen? Versetze dich in die Lage deines Prüfers, stelle dieselben Überlegungen an wie er: Welche Themen frage ich? Wie formuliere ich die Fragen? Wie bewerte ich die Antworten? Wie kann ich sehen, dass der Stoff wirklich beherrscht wird? Was sind gut prüfbare Details? Welche Zusammenhänge sollen verstanden werden?

> **Linktipp:** Auf Meinprof.de kannst du sehen, wie andere Studierende deinen Dozenten einschätzen. Dieses Verzeichnis bietet Bewertungen für Fairness, Unterstützung, Material, Verständlichkeit, Spaß und das Note-/Aufwand-Verhältnis.

Unterschwellige Andeutungen. Es wirft ein schlechtes Bild auf den Dozenten, wenn alle Noten schlecht ausfallen. Ihr habt also ein ähnliches Interesse: Erfolg! Natürlich waren Dozenten selbst mal Prüflinge und besonders jüngere haben Mitleid. Sie dürfen dennoch die Aufgaben nicht verraten. Deswegen geben sie im Laufe des Jahres viele Hinweise, die leider meist überhört oder vergessen werden. Notiere unbedingt Bemerkungen wie diese: *„Schaut euch das bitte noch mal genau an"*, *„Wir überspringen mal diesen Bereich, der ist nicht so wichtig"*, *„Das war ein kleiner Exkurs, kommen wir zurück zum …"*, *„Das sollten Sie sich noch einmal genauer ansehen"*.

Sprechstunde. Du solltest mindestens einmal mit dem Dozenten reden, um ein paar Eingrenzungen und Schwerpunkte aus ihm herauszukitzeln. Am besten, du gehst mit einer Themenübersicht zu ihm: *„Erinnern Sie sich an Vorlesung XY? Das war ja ein recht kompliziertes Thema. Ich habe Angst, mich da zu verzetteln. Wo würden Sie Schwerpunkte setzen? Was sollte ich besonders wiederholen?"* Frage gezielt nach Zweifelsfällen, klopfe Punkte ab, die weniger relevant erscheinen. Um dem Nachdruck zu verleihen, eignen sich geschlossene Fragen, die man eindeutig beantworten kann: *„Ist Paragraf § 1234 prüfungsrelevant?"* oder: *„Sollten wir uns XY noch einmal ansehen?"* Die meisten Dozenten werden ein paar Anspielungen machen – und aus den Reaktionen lässt sich einiges ableiten.

Kreuzverhör. Nehmt den Dozenten in der letzten Stunde in die Mangel: Du fragst: „*Thema A ist sehr kompliziert. Was müssen wir davon verstehen?*". Dein Komplize ruft: „*Ja, mir geht das genauso. Teilbereich XYZ von A ist unklar. Wie wahrscheinlich kommt das dran?*" Prüfer sagt: „*Ach, das war doch nur ein Exkurs*" (Bingo! Zwei Tage Kopfzerbrechen gespart). Nummer Drei hakt nach: „*Und wie sieht es mit Thema B aus? Was ist von den Theorien besonders wichtig?*" Der Prüfer antwortet diplomatisch: „*Wenn ihr euch erinnert, haben wir XY detailliert besprochen. Ebenso hatten wir eine lange Diskussion über Z*". Lasst euch schwere Themen nochmals erklären. Versucht herauszuhören, welche Konzepte besonders wichtig erscheinen. Diese Methode funktioniert sehr gut, weil sie unverfänglich ist: Der Dozent wird in der Regel bereitwillig Detailfragen beantworten und Teilaspekte in den Zusammenhang einordnen.

Auch **Lehrer** unterscheiden sich: Der *Diskutierer* mag, wenn ihm Paroli geboten wird. Manche sind *Laberlehrer*, die ihre Formulierungen und Schlüsselbegriffe gern selbst hören („Nachhaltigkeit", „ökologisch", „Klimawende", „Gerechtigkeit", „Demokratie") und mit denen man in der Pause gut fachsimpeln kann. *Pedanten* wollen genau ihre Begriffe wiedergegeben sehen. Hinzu kommen die *Idealisten*, die versuchen, eine bestimmte Prägung zu vermitteln. Bewahre geistige Distanz, nimm aber ein paar Gedanken mit auf, würdige diese. Gehe auf die verschiedenen Typen und Erwartungen ein. Wer so einmal einen „Stein im Brett" hat, macht den Lehrer etwas nachgiebiger.

5. Wie viel Zeit / Platz habe ich?

Bei Hausarbeiten überwiegt anfangs die Angst vorm leeren Blatt und die Befürchtung, die geforderte Textmenge nicht zu schaffen. Dann sind die ersten Zeilen aufs Papier gebracht, man schreibt und schreibt. Erst fünf, dann zehn – plötzlich sind es 25 Seiten. Kurz vor knapp fällt einem wieder ein: Ups, der Text darf ja maximal 15 Seiten haben! Nun fällt das Kürzen schwer. Man hängt an seinen Worten, die man mühsam aufs Papier gebracht hat, selbst wenn diese nur vom roten Faden ablenken. Typisch: Erst brauchen wir unheimlich viel Zeit, um (zu viel) Text zu produzieren, dann genauso lange, um ihn einzudampfen. Abhilfe schaffst du, indem du die Arbeit in Teilprozesse aufteilst, z. B.:

⇨ These – Gegenthese – Synthese

⇨ Aspekt 1 – Aspekt 2 – Vor- & Nachteile von 1 und 2

⇨ Theorie – Praxis – Probleme bei der Anwendung

Ordne den einzelnen Gliederungspunkten eine feste Seitenzahl zu, z. B.: je vier Seiten pro Abschnitt. Damit hast du einen Orientierungspunkt und es zwingt dich, gleich die zentralen Konzepte auszuwählen. 3 mal 4 Seiten + je eine Seite für Einleitung, Schluss und Literaturverzeichnis klingen zudem weniger bedrohlich als „15 Seiten" als Ganzes.

Dasselbe gilt für Klausuren. Teste, wie viel Text du in zwei Stunden produzieren kannst. Sagen wir, du schaffst zehn Seiten und es kommen vier Fragen dran. Dann hast du ca. zweieinhalb Seiten pro Frage, in denen du deine Argumentation unterbringen musst. Sollte das nicht gelingen, hilft nur eins: präzises Formulieren üben!

> *„Ich hätte bedenken müssen, dass ich für den Essay-Teil*
> *maximal 30 Minuten Zeit haben würde und deshalb*
> *nicht mehr als 1 bis 2 Seiten schreiben könnte.*
> *Allein diese „Planung" hätte mich beruhigt."*
> Jan

6. Wähle die passenden Medien und Materialien

Kommen wir zu einem weiteren Problemfeld, mit dem viele kämpfen: schlechte Materialien. Wir haben einen Text, ein Lehrbuch oder ein Skript bekommen, das mehr an chinesische Hieroglyphen erinnert als an Deutsch. Beim ersten Lesen verstehen wir nur Bahnhof. Es ist, als wäre eine Mauer zwischen dir und dem Text:

Vielleicht kommen nur zehn Prozent Inhalt bei dir an (A). Es ist klar, dass man da leicht verzweifelt. Viele trauen sich an diesem Punkt nicht, mit anderen Medien und Materialien zu arbeiten, schauen auf den Mehraufwand oder hinterfragen nicht die Autorität des Dozenten. Sie machen es sich damit unnötig schwer.

Der Ausweg aus dieser Sackgasse besteht in einem scheinbaren Umweg: Bestimme mit Hilfe des Inhaltsverzeichnisses oder durch Stichworte, welche Konzepte es in dem Text zu verstehen gilt (B). Dann weiche auf leichteres Material aus: Nimm einführende und Quellen, die gut nachvollziehbar sind (C).

Hast du die zentralen Inhalte und Konzepte verstanden, nimm das ursprüngliche Material und gleiche es mit dem Gelernten ab (D). Viele Dinge wirst du nun verstehen: „Ach, das will er damit sagen". Schau, dass du nichts Wichtiges übersehen hast. Ansonsten kannst du die Originalliteratur nun beiseitelassen, wenn es nicht um die exakte Wiedergabe des Buches geht. Wenn doch, so fällt dir diese zumindest nun viel leichter.

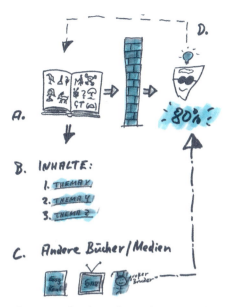

In vielen Fächern werden komplexe Dinge gern in Formeln ausgedrückt. Klar kann man so Worte sparen, doch Studierende ohne Händchen für Mathe verwirrt das eher. Mich machten abstrakte Gleichungen auch total kirre. Ein Blick in Altklausuren und Gespräche mit Studierende aus höheren Semestern machten klar: Am Ende mussten wir die grundlegenden Mechanismen der Volkswirtschaft, nicht die Gleichungen verstanden haben. Doch unser Lehrbuch war überflutet mit abschreckenden Formeln und obskuren Herleitungen. Ich kaufte mir ein dünneres, idiotensicheres Buch, das komplett auf mathematische Erklärungen verzichtete. So konnte ich mich aufs Grundverständnis fokussieren. Die Formeln? Nach denen fragte bis heute niemand!

Umgang mit Literaturlisten. Lass dich von langen Literaturlisten inspirieren, nicht verwirren. Gern schreiben Dozenten alle Quellen auf, die sie selbst einmal gelesen haben. Das heißt nicht, dass du sie auch alle durchackern musst.

Im Psychologiestudium wollte unsere ehrgeizige Dozentin nur Originalliteratur mit uns lesen. Ich fragte nach zugänglicheren Quellen, aber sie reagierte pikiert: Es wäre „notwendig", die Klassiker zu lesen.

Andere Bücher könne sie nicht empfehlen. Gut, dass ich nicht auf sie hörte! Was bringt es mir, mich durch 60 Seiten eines russischen Kinderpsychologen zu quälen, der einen Fachdiskurs mit seinen Kollegen führte, wenn ich nicht mal die Grundlagen kenne? Zwei Dinge haben mich gerettet: Google und ein Einführungsbuch für Erstsemester, das mir einen Überblick über alle Teilgebiete verschaffte. Meine Kommilitonen, die den Anspruch hatten, die Texte wirklich komplett zu lesen, trauten sich dagegen gar nicht erst mitzudiskutieren. Sie waren nach der Lektüre verwirrt.

Kritische Distanz ist überlebenswichtig. Deine Aufgabe ist es, die relevantesten Autoren zu identifizieren und deren Kernaussagen nachzuvollziehen. Suche Texte, die du wirklich verstehst. Genau das soll die Uni ja auch lehren: die Fähigkeit, sich Überblick zu verschaffen und Wichtiges von Unwichtigem zu unterscheiden.

Linktipp: Auf sparknotes.com gibt es fantastische Gratis-Zusammenfassungen und Videos zur Weltliteratur – ideal für Geisteswissenschaftler und Schüler. Ein Blick auf getabstract.com ist für Sozial- und Wirtschaftswissenschaftler lohnenswert, allerdings kostenpflichtig.

Beispiel für die Analyse der Prüfungsstrategie

Eine Lehramtsstudentin paukte für Erdkunde und fühlt sich von der Anzahl der Folien erschlagen. Doch das Problem schien weniger die Stofffülle – da müssen alle durch. Ihr fehlte eine Strategie: Die Hälfte des Semesters war um und sie lernte Folie für Folie, ohne sich einen Überblick über die Themenblöcke verschafft – geschweige denn, die vorhandenen Probeklausuren gesichtet zu haben. Folgende Überlegungen bringen ihr ein besseres Gefühl für die Prüfung:

⇨ Es sind acht verschiedene Themen, weil es eine Einführungsveranstaltung ist. Die soll aber vor allem eins: in das Thema einführen. Das detaillierte Verständnis der Hintergründe ist ein Fall für die Vertiefungen.

⇨ Betrachtet man die umfangreichen Folien, sieht man, dass dort viele kurze Infos in sehr allgemeiner Form stehen: Definitionen, Fachwörter, Zahlen und Aufzählungen.

⇨ Sie soll später den Stoff Schülern, nicht Forschern vermitteln.

Damit ist klar, dass die Prüfung breit angelegt ist und aus dem Abfragen grundlegender Fakten besteht. Wenn sie die Grafiken und Skizzen nicht bis ins letzte Detail durchdrungen hat, wird sie das nicht den Kopf kosten. Sie muss das Wesentliche aus jedem Teilgebiet herausarbeiten, ohne sich lange aufzuhalten. Ganz zufällig kam in der Pause dann heraus, dass die Prüfungszeit nur 45 Minuten beträgt. Für acht Themengebiete? Voilà: ein Faktenspiel!

Wir definierten weitere Schritte, um die Vermutung zu bestätigen:

1. Eine Themenübersicht in Form eines Progress-o-Meters erstellen. Mit der Kategorisierung und dem Überblick sinken die gefühlte Stoffmenge und der Panik-Faktor.

2. Den Vorlesungsstoff mit den Tutorien abgleichen, damit nichts Wichtiges übersehen wird. Welche Gebiete wurden besonders intensiv bzw. doppelt behandelt? Achtung: heiß!

3. Damit zum Prof gehen. Fragen, was besonders relevant ist.

Nachdem wir diesen Fall durchgesprochen hatten und sie einen Lernplan erarbeitet hatte, ging es ihr deutlich besser. Das unterstreicht nochmals: Das Erarbeiten der Themen-**Struktur** und eine Eingrenzung des **Ziels** sind die wichtigsten Waffen im Kampf gegen Prüfungsangst!

Fahren wir fort mit einem cleveren Lernplan, der genau diese Übersicht gewährleisten wird ...

Nie wieder ein schlechtes Gewissen!

Viele sind enttäuscht vom Planen. Im Schnitt schaffen wir nur etwa die Hälfte dessen, was wir uns vorgenommen haben. Wir sind zu optimistisch und planen keine Reserven ein. Dann haben wir ein schlechtes Gewissen, weil wir unseren Plänen hinterherlaufen. Dabei ist ein Plan nichts, was zwingend so passieren wird. Ein Plan ist nur ein Plan! Während wir an seiner Umsetzung arbeiten, kommen neue Infos und Aufgaben hinzu. Prioritäten müssen neu gesetzt werden. Ein guter Plan erfüllt daher **sechs Kriterien:**

Übersicht. Alle To-Dos müssen auf einen Blick erkennbar sein.

Meilensteine. Die Motivationsforschung zeigt: Kurzfristige Ziele spornen mehr an als weit entfernt liegende. Sind Aufgaben unstrukturiert oder zu groß, lähmt das.

Zeitbegrenzung. Die Arbeit dehnt sich so lange aus, wie Zeit zur Verfügung steht. Hast du zwei Monate für eine Hausarbeit, benötigst du zwei Monate. Hast du nur vier Wochen, schaffst du es auch in dieser Zeit. Jeder Zwischenschritt bekommt also einen Zeitcontainer zugewiesen.

Flexibilität. Pläne sollen Unsicherheit durch Vorstrukturierung der Zukunft senken. Diese hängt von vielen Faktoren ab, deswegen müssen Planänderungen möglich sein.

Motivierend. Zwischenschritte, Zeitbegrenzung und Flexibilität sind wichtige Grundlagen für die Motivation. Was kannst du zusätzlich einbauen, das Spaß bringt? Wie wäre es mit Lerngruppen, kreativem Arbeiten mit Mindmaps, Lernpostern oder Wiederholungen in einer schönen Umgebung?

Kontrolle. Dein Plan sollte eine leichte Kontrolle ermöglichen, denn Feedback ist einer der wichtigsten Motivationsfaktoren.

Der Progress-o-Meter: Überblick trifft Motivation

Ich habe ein System entwickelt, das diese Kriterien gut erfüllt und sich für alle Arten selbstbestimmter Projektaufgaben (Lernen, Hausarbeiten, Promotion etc.) eignet. Der „Progress-o-Meter" ist ein Lernplan mit eingebauter Fortschrittskontrolle: Wie beim Tachometer lässt sich hier jederzeit das Fortschrittstempo ablesen. Du siehst sofort, wo du stehst. Der Progress-o-Meter ist so detailliert, dass du jeden Tag damit arbeiten kannst, aber trotzdem so kompakt, dass er auf eine Seite passt. Neugierig?

1. **Bestimme die Themen.** Verschaffe dir zunächst einen Überblick über die Hauptgebiete, die es zu lernen gibt.

2. **Bestimme die Unterthemen.** Die großen Inhaltsblöcke müssen nun so weit heruntergebrochen werden, dass sie in Arbeitseinheiten (eine Stunde bis maximal ein Tag) abgehandelt werden können.

3. **Definiere die Arbeitsschritte.** In die Spalten kommen nun die einzelnen Prozessschritte. Überlege, was du tun musst, damit das Wissen hinterher wirklich sitzt. Wir werden sehen, dass dafür eine vielseitige Verarbeitung förderlich ist.

4. **Zeit bestimmen.** Ziel dieses ersten Plans ist es, bei allen wichtigen Themen einmal durchzukommen, ohne ein Thema auf Kosten eines anderen zu überlernen. Du brauchst also eine Faustregel, z. B. eine Arbeitseinheit (ca. 90 Minuten) pro Kästchen. Damit hast du bereits eine prima To-do-Liste.

5. **Priorisieren.** Du erhältst nun eine Matrix mit Inhalten und kompakten Prozessschritten. Plötzlich ist der komplexe Lernstoff in kleine Schubladen aufgeteilt, die du nach und nach abarbeiten und abhaken kannst. Gehe diesen Plan nochmals durch und priorisiere: Welche Themen und Prozesse lassen sich nochmals zusammenfassen und in einer Lerneinheit erledigen?

6. Belohnen. Finde einen Kontrollmechanismus: Wenn du ein Feld abgearbeitet hast, kannst du es abhaken, durchstreichen, Prozente eintragen (Wie viel hast du schon verstanden), Smileys / Frownies (Wie gut sitzt das Thema schon?), Sternchen (* = okay, ** = gut, *** = sehr gut) oder Schulnoten vergeben. Wichtig ist, dass du erst einmal weiterziehst. Die Qualität wird sich mit den folgenden Schritten bessern. Das Schöne dabei: Du bist flexibel. Du kannst nun im Plan horizontal (ein Thema vertiefen) oder vertikal weitergehen (ein anderes Thema beginnen). Das ist ein wenig wie Malen nach Zahlen und verbindet spielerisch einen motivierenden Aspekt mit Überblick und Kontrolle.

Arbeitsschritte↓ Inhalte→	Mit-schrift	Lehr-buch	Folien	Lern-gruppe	Zusammen-fassung	Probe-klausur
Thema A						
• Theorie 1	✓		✓			
• Theorie 2	✓	✓		✓		
• Theorie 3	!	✓	✓			
• ...						
Thema B						
• Autor 1		?				
• Autor 2	1	2	1			
• Autor 3		3	1			
• ...						
Thema C						
• Aspekt 1	☺					
• Aspekt 2		☺ ☺	☺			
• Aspekt 3	☺			☹		
• ...						

Beispiel aus der Anatomie-Prüfung

Themen: Für die Anatomie-Prüfung von Medizinstudentin Sophie waren es die drei Blöcke „Knochen", „Sehnen", „Muskeln". Jedes dieser Themen war in diesem Fall gleich wichtig – der Lernaufwand musste entsprechend gleichmäßig verteilt werden.

Unterthemen: Meist gibt es mehrere Möglichkeiten der Untergliederung. Sophie entschied sich für die Einteilung nach Körperteilen (Arm, Bein, Rücken etc.) Diese Unterthemen hat sie links in der Tabelle für die einzelnen Blöcke aufgelistet.

Arbeitsschritte: Sophie hat sich nun für sechs Prozessschritte entschieden: Mitschriften durchgehen, dann die Folien aufarbeiten und in die Mitschrift einarbeiten. Es folgen: Lehrbuch lesen, Fakten durchsprechen und Prüfungssimulation mit der Lerngruppe. Zum Schluss will sie noch eine Survival-Zusammenfassung für jedes Unterthema erstellen (S. 189).

Priorisieren: Manche Themen lassen sich nach dieser ersten, vereinfachten Auflistung noch zusammenfassen. Sophie wollte z. B. immer Arm und Bein sowie Hand und Fuß gemeinsam lernen, weil diese Unterthemen viele Ähnlichkeiten aufwiesen. Bei Nebenthemen wollte sie die Mitschriften und die Folien gleichzeitig bearbeiten. Bei anderen Dingen ist es vielleicht schon absehbar, dass sie besonders wichtig und zeitintensiv sind, die man vorher schon entsprechend kennzeichnet.

Prozessschritte / Inhalte	Folien Mitschrift	Lehrbuch	Zusammenfassung	Lerngruppe	Probeklausur
Knochen					
• Arm / • Bein	✓	✓	✓	✓	
• Rücken	✓	✓			
• Hand / • Fuß	✓	✓			
• Hals		✓			
Muskeln					
• Arm / • Bein	✓				
• Rücken	✓	✓			
• Hand / • Fuß					
• Hals					
Sehnen					
• Arm / • Bein	✓				
• Rücken					
• Hand / • Fuß					
• Hals					

So arbeitest du mit dem Progress-o-Meter

Selbst wenn du viel Zeit zur Verfügung hast, mache nicht den Fehler, ausgiebig ein einziges Fach bzw. Thema zu lernen, und dann erst das nächste. Da kommt garantiert was dazwischen oder du verzettelst dich. Arbeite lieber **in Runden**. Z.B. bei drei Wochen: eine Woche Grundlagen für alle Themen, eine Woche Vertiefung aller Themen, eine Woche Wiederholung. Das beugt Panik vor, denn du schaffst schnell einen Grundstein in jedem Themengebiet. Das Erkennen von Zusammenhängen wird leichter und die Effizienz gesteigert. Ich nenne das „hierarchisches Arbeiten", weil man bei grundlegenden Dingen beginnt und diese zunächst über alle Themen hinweg erarbeitet. Wenn du dann noch Zeit hast, geht es in die Vertiefung. Gehe nach Ablauf der selbst gesetzten Zeit pro Lerneinheit zum nächsten Thema über – auch wenn du nicht alles geschafft hast! Du wirst bald merken, warum ...

Suche zu Beginn auch nach **Überschneidungen**. Fasse diese Themen zusammen – auch über Fächer hinweg. Nehmen wir an, du hast einen Grundkurs (z. B. Physik) und lernst gleichzeitig für ein Vertiefungsfach (Quantenmechanik). Beginne mit dem Lernen dort, wo sich Grund- und Vertiefungskurs überschneiden. Das spart Zeit und du lernst intensiver, weil du die Themen aus zwei Richtungen beleuchtest.

⭐ **„Die Strategie und den Lernplan auszuarbeiten, erschien mir erst eher zeitaufwendig als gewinnbringend. Dann habe ich jedoch gemerkt, dass die Erstellung recht einfach ist und mir im Endeffekt Zeit und vor allem Nerven gespart hat."**
Alexandra

❗ **Hinweis:** Weitere Beispiele für Progress-o-Meter für Haus- und Abschlussarbeiten findest du in dem Zeitmanagement- & Motivationsbuch „Golden Rules" (weitere Infos auf Seite 255).

Wann habe ich genug gelernt?

Der Progress-o-Meter beantwortet eine zentrale Frage: **Wie finde ich heraus, dass ich genug gelernt habe?** Eben dann, wenn du in jedes Kästchen einen Smiley oder Haken, eine hohe Prozentzahl, viele Sternchen, gute Noten etc. schreiben kannst! Hier ist eine Abwandlung des Progress-o-Meters, die das recht deutlich zeigt: Eine Japanologie-Studentin bereitete sich auf ihre Prüfung vor. Sie musste sich Fakten zu einzelnen Themen selbst erarbeiten. Es sollten zehn Fragen zu je einem kulturellen Aspekt abgefragt werden. Es gab 80 Punkte, also acht Punkte pro Frage. Wie kommt die Studentin auf ihre acht Punkte pro Frage? Das war für sie zunächst total mysteriös. Wir entwarfen ein Lernmuster pro Thema, z. B. Shintoismus:

1. **Definition**: Was ist das? (1 Punkt)

2. **Jahreszahlen** der Periode? (1–2 Punkte)

3. In welche **Epoche** ordnet sich das ein? Warum? (2 Punkte)

4. Was sind die 5–10 **Merkmale** einer Periode? (5–10 Punkte)

5. Gibt es interessante **Zusatzinfos**, z. B. berühmte Vertreter, politische Besonderheiten? (1–3 Punkte)

Wir listeten die Themen links auf. Oben standen nun die fünf inhaltlichen Kategorien. Damit hatte sie ein Gerüst, die Infos einzuordnen. Das verschaffte ihr Sicherheit und sie konnte besser einschätzen, wann sie von einem Thema genug gelernt hatte: nämlich genau dann, wenn sie alle Punkte dieser fünf Kategorien erarbeitet hatte. Einfach, oder? Weniger Unsicherheit, größere Erfolgschancen – und das alles mit einer simplen Übersicht.

Thema / Frage	Definition (1)	Jahreszahlen (2)	Epoche (2)	Merkmale (5-10)	Zusatzinfos (1-3)
1. Shinto	✓	✓	✓	✓	–
2. Jōmon		✓	✓	?	✓
3. Yayoi				✓	–
4. Kofun	✓		✓		✓
5. Buraku			✓		✓
6. ...		✓		?	–
7. ...	✓			?	–
8. ...	?		✓		✓

Zusammenfassender Workshop

Nutze nun das Gesagte, um deine nächste Prüfung genauer zu durchdenken:

Meine Ziele:	
So viel Zeit habe ich:	
Aufbau der Prüfung / Art der Fragen:	
Verlangte Kompetenzen:	
So tickt der Prüfer / Darauf legt er Wert:	
Das sind die zentralen Themen / Themenblöcke:	
Fazit. Die wichtigsten Erfolgsfaktoren:	
So bereite ich mich gezielt vor: (Prozessschritte für den Progress-o-Meter)	

Mein Lernplan

Gut, die Prüfung ist einmal gründlich durchdacht. Entwickle nun einen entsprechenden Progress-o-Meter gemäß dieser oder eigener Vorlage. Habe keine Scheu, diesen im Prozess nochmals anzupassen.

Inhalte \ Schritte	Mit-schriften	Folien	Lehr-buch	Struktur-karte	Lern-gruppe	Probe-klausur
Thema A:						
Unterthema 1						
Unterthema 2						
...						
Thema B:						
Thema C:						

2

Das Aufwärmen

Schalte in den Lernmodus

Aller Anfang ist schwer. Damit wir nicht in Stress geraten, müssen wir die größten Hindernisse gleich überspringen: Anfangshemmung, Ablenkungen, Zeitnot und Null-Bock-Stimmung.

Die Lernzeit ist zudem sehr intensiv – Durchhaltevermögen ist gefragt! Wie behalten wir die Ausdauer? Wie holen wir mehr aus einer Trainingseinheit heraus?

Zentrale Fragen

- Wie kann ich mich zuverlässig motivieren?
- Wie organisiere ich meinen Lerntag?
- Wie verbessere ich meine Konzentration?
- Wie reduziere ich Ablenkungen?
- Wie verhindere ich, dass mir ein Fach den Spaß verdirbt?

Hast du ein Motivationsproblem, bis du ein Zeitproblem hast?

Wann soll ich anfangen?

Quälst du dich, wenn du deinen Ordner am Semesterende aufbereitest und wichtige Einsichten verloren gegangen sind? Wer immer dem Stoff hinterherhechelt, macht es sich unnötig schwer. Eine Vorbereitung spart Zeit und Stress, denn:

Die Aufmerksamkeit fällt leichter. Ohne Vorwissen lassen sich neue Infos nicht einordnen. Das ist wie ein Kleiderschrank ohne Fächer: Wenn du ihn mit neuen Dingen füllst, gibt es Chaos. Schubladen helfen! Das Gehirn muss Neues einsortieren können. Die Vorbereitung schafft solche Schubladen: Du weißt, welche Themen kommen, kannst Fremdwörter vorher klären. Allein die Beschäftigung mit einem Thema generiert Interesse, Fragen kommen auf. Suche gern im Internet nach interessanten Videos und Informationen zum Stoff. Dein Gehirn möchte Bilder, Emotionen, Fragen. Dann wirst du wirst viel gespannter in die Veranstaltung gehen!

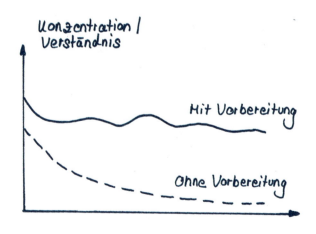

Die Nachbereitung ist kürzer. Typisch: Man fängt erst in der Prüfungsphase mit dem Lernen an und stolpert über unverständliche Folien. Nun grübelt man über einen Satz im Skript, der eigentlich total banal ist. Ziel der Vorbereitung ist es, solche Stolperstellen vorher zu kennzeichnen und in der Vorlesung zu entschärfen. Gerade wenn es Skripte, Bücher, Folien, Begleitmaterial gibt, unbedingt kurz überfliegen! Markiere Passagen, die zentral bzw. unklar erscheinen. Das sind Aufmerksamkeitsanker: Nun weißt du, wann du deinen Bleistift im Vortrag spitzen musst!

Du bist erfolgreicher. Wer sich vorbereitet, muss sich Gedanken über seine Ziele machen und setzt seine Aufmerksamkeit effektiver ein. Ein Kollege kam zu Seminaren schon mit einem Entwurf seiner Hausarbeit, die er dort mit dem Dozenten besprach. Dann arbeitete er die frischen Eindrücke sofort ein und eine Woche später war die Arbeit im Kasten. So hatte er Zeit für die nächste Aufgabe. Wow! Kein Wunder, dass er das Studium um ein Jahr verkürzte.

 30 Minuten Vorbereitung sind effektiver als eine Stunde Nachbereitung

So setzt du diese Vorsätze richtig um

Immer am Ball zu bleiben ist eine Herausforderung: Wir müssen so viele Dinge koordinieren und unsere Zeit ist knapp. Oft scheitert es an unseren (zu) großen Erwartungen: Weil wir denken, wir müssten die Dinge immer „richtig" (= intensiv, = lange) machen, finden wir nie ausreichend Zeit für diesen Anspruch. Je höher die eigenen Erwartungen, desto größer die Wahrscheinlichkeit, dass diese nicht erfüllt werden. Vorschlag: Gib dir jeweils **45 Minuten** zur Vor- *und* Nachbereitung. Damit sparst du dir in der Lernzeit viel Wiederholungsarbeit. Ein Kompromiss für Faulpelze: Zehn Minuten Vor- oder Nachbereitung sind Pflicht, notfalls zwischendurch im Bus! Gehe unbedingt deine Notizen der letzten Woche noch mal durch. Oft fragt der Dozent nach Unklarheiten, aber keiner hat etwas auf Lager, weil in dem Moment für alle unklar ist, was eigentlich unklar geblieben ist. Spätestens in der Pause

solltest du deine Chance nutzen, Fragen loszuwerden! Deine Prüfungszeit wird um einiges entspannter werden. Noch zwei Tricks, um Zeit
und Konzentration für die Vor- und Nachbereitung zu finden:

Verlängere deine Vorlesungen, indem du gedanklich 30 Minuten vorher bzw. danach mit verplanst. Viele spätere Detailfragen erledigen
sich, wenn du direkt im Anschluss an einen Vortrag Infos ergänzt oder
Zusammenhänge mit eigenen Worten formulierst. In deinem Wochenplan steht dann nicht „Mathe 11.00–12.30 Uhr", sondern 10.30–
13.00 Uhr. Damit erledigst du alles in einem Block und brauchst nur
einmal in der Woche Aufmerksamkeit dafür. Die Eindrücke sind noch
frisch und es geht nichts verloren. Oder plane direkt nach der Schule
eine Stunde zur Wiederholung der Fächer des Tages ein.

Die **„Stapelattacke"** ist die Methode deiner Wahl für Vorlesungen, die
so eng getaktet sind, dass keine Zeit für eine unmittelbare Vorbereitung bleibt. Reserviere einen Vor- oder Nachmittag, ca. 3–4 Stunden,
um alle Vorlesungen am Stück abzuarbeiten. Lege alle Skripte, Mitschriften und Bücher auf einen Stapel und widme jeder Vorlesung maximal 45 Minuten: Verschaffe dir einen Überblick über die Gliederung
des Buches, lies ein paar Seiten und markiere die Kernaussagen im
Skript. Ergänze dann deine Mitschriften, male eine Mindmap, mit der
du Kernaussagen und Aha-Effekte optisch protokollierst.

Durch die **Zeitbegrenzung** fällt es leichter anzufangen. Der Fächer-
wechsel innerhalb des Lernblocks bringt Abwechslung. Die Bündelung
zu einem Arbeitsblock zwingt zur Effizienz. Sicher musst du einige Themen noch einmal in Extra-Lerneinheiten vertiefen, doch dieser Block
ist ideal, um am Ball zu bleiben.

Wann soll ich anfangen mit dem Lernen?

Zu früh anfangen ist ineffizient, weil man vieles wieder vergisst. Zu spät beginnen ist auch blöd, weil man dann wegen mangelndem Grundverständnis vieles vom Stoff nicht richtig einordnen kann. Was also tun? Wie können wir mit wenig Aufwand schneller starten?

Zum Semesterstart

- [ ] Überblick über das Thema verschaffen, z. B. indem du eine Themenübersicht aus dem Skript oder Buch herausschreibst *(Dauer: 30 Min.)*

- [ ] alte Klausuren besorgen, Aufgabentypen und Themengewichtung analysieren *(Dauer: 2 Std.)*

- [ ] jede Vorlesung kurz vor- und nachbereiten *(Dauer: jeweils 10–20 Min.)*

- [ ] Du musst nicht jedes Detail sofort verstehen. Aber du brauchst das Global Picture im Hinterkopf und solltest jederzeit neue Themen ins Verhältnis zur letzten Vorlesung bzw. Unterrichtsstunde setzen können.

Semestermitte (nach 4–6 Wochen)

- [ ] Progress-o-Meter (Lernplan) aufstellen

- [ ] Leute für Lerngruppe finden, einen Termin *(2–3 Std./Woche)* fest im Wochenplan verankern, um dann je ein Thema durchzusprechen

- [ ] pro Woche einen Themenblock erarbeiten, je eine Strukturkarte dazu zeichnen bzw. 1–3 Seiten Zusammenfassung

Spätestens nach der Hälfte des Semesters sollte ein erster Lernplan stehen und wöchentliche Treffen mit deiner Lerngruppe starten! Dann bist du zum Semesterende so fit, dass du richtig von den Endvorlesungen profitierst und gezielte, prüfungstaktische Fragen stellen kannst.

Semesterende (je nach Fach 1–4 Wochen vor der Prüfung)

- [ ] weitere Zusammenfassung und Reduktion des Themas

- [ ] Inhalte visuell kodieren und Lernbilder malen

- [ ] Survival-Zusammenfassung erstellen

Sprint oder Marathon?

Als Athlet muss man sich entscheiden: Entweder man wird Sprinter oder Ausdauerläufer. Beim Lernen müssen wir beides können: täglich gezielte Sprints hinlegen und langen Atem über die Lernzeit hinweg beweisen.

Warum sprinten?

Was passiert mit der Erinnerungsleistung, wenn wir lange am Stück lernen (gestrichelte Linie)? Sie geht beständig zurück! Inhalte können nicht gespeichert werden und überlagern sich. Je länger man lernt, desto weniger bringt es!

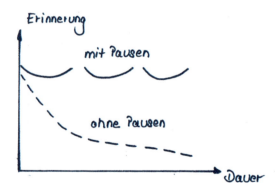

Durch eine Pause passiert etwas Erstaunliches: Die Erinnerung steigt! Warum? Es gibt einen sogenannten *Recency-Effekt* (Nachhall-Effekt): Wenn man das Lernen unterbricht, dann bleiben die letzten Informationen im Gedächtnis und können gespeichert werden. Nach der Pause sind wir wieder frisch und aufnahmebereit. Wie heißt es so schön: „Der erste Eindruck zählt". Dies nennt man *Primacy-Effekt*.

Wenn man sich am besten an den Beginn und das Ende einer Lerneinheit erinnern kann, wie können wir effizienter lernen? Einfach, indem wir mehr Anfänge und Enden haben – durch die Wunderwaffe des Lernens: Pausen!

Ein Freund erzählte einmal, dass er eine Weile lesen würde, dann schlafen, wieder lesen, dann schlafen. Ich schüttelte den Kopf und dachte: „wie ineffizient". Heute muss ich zugeben, dass ich mich geirrt habe. Dieser Rhythmus von Lern- und Verarbeitungspausen ist lernpsychologisch sehr clever. Was aus der Schlafmütze geworden ist? Er hatte den besten Semesterdurchschnitt und arbeitet heute bei McKinsey (Umso besser, dass er im Studium ausreichend schlief – denn die Kollegen arbeiten bekanntlich 70 Stunden in der Woche).

So taktest du deine Pausen geschickt

Pausen sind fantastisch: Während wir uns erholen, arbeitet unser Gehirn weiter. Im Unterbewussten werden die Informationen verarbeitet und restrukturiert. Wie pausieren wir clever?

Ein **Durchatmen** ist nach ca. 25 (Schüler) bis 45 (Studierende) Minuten fällig. Faustregel: Je faktenlastiger das Lernen, desto öfter brauchst du einen Zwischenstopp von zwei bis fünf Minuten. Schließ die Augen, entspann dich. Lehn dich zurück, starre aus dem Fenster. Gern darfst du dir einen Tee machen, durchlüften. Ein paar Auflockerungsübungen kommen gelegen. Kleine Handgriffe sind erlaubt: Blumen gießen, Müll runterbringen, Dinge aufräumen. Hauptsache: KEINE neuen Informationen aufnehmen! Tabu sind Telefon, Mail, SMS, Facebook, Internet, Zeitungen. Das Hirn braucht den Leerlauf zum Speichern.

Eine **Pause** ist fällig, wenn du eine Aufgabe fertig hast. Idealerweise solltest du je nach Kondition alle 60 bis 120 Minuten eine Entspannungspause von 15 bis 30 Minuten einlegen und Themenblöcke entsprechend portionieren (siehe Progress-o-Meter).

In einer Studie erzielten Leute, die vor der Prüfung abgewaschen haben, bessere Ergebnisse als jene, die bis zur letzten Minute lernten bzw. gar nichts mehr machten! Warum? Beim Abwaschen wird der Körper aktiviert und durch die Koordination beider Hände die Vernetzung der Gehirnhälften verbessert. Der Kopf bleibt dafür frei. Du musst deshalb nicht zum fanatischen Tellerwäscher werden. Alles Aktive ist ratsam: Verlasse den Schreibtisch. Dusche, koche, geh spazieren, mach Yoga. Kleinkram, bei dem man mit den Händen arbeiten muss, ist nicht verkehrt: Wäsche in die Maschine legen, kurz durch die Wohnung saugen oder ein Formular ausfüllen. Orga-Kram, Haushalt oder Sport lassen sich ideal als Lückenfüller in den Lernprozess integrieren, ohne dass wir Zeit verlieren! Natürlich darfst du auch nur entspannen, dösen, schlafen, kuscheln. Alles ist erlaubt, was deine grauen Zellen nicht beansprucht.

An langen Lerntagen sind zwei längere **Erholungspausen** ratsam: eine am Mittag (mindestens eine Stunde) und eine zum Abendessen. Im Schnitzel-Koma (Mittagstief) bist du ohnehin nicht produktiv. Nimm dir die Zeit, die dein Körper braucht: Gönn dir einen geistigen Boxenstopp (15 bis 25 Minuten hinlegen und dösen – nicht mehr, sonst wird es schwer, wieder aufzustehen). Abends bieten sich eine kurze Fitness-Runde, ein Spaziergang im Park oder ein gemeinsames Abendessen an. Danach hättest du noch etwas Zeit für Wiederholungen.

 Regelmäßige kurze Lernsprints sind effektiver als ein geistiger Zehnkampf am Ende.

Der Marathon

Lernprozesse und unsere Motivation führen gern ein Eigenleben: Gute Tage folgen schlechten Tagen, darauf folgen noch schlechtere Tage. Mal hat man einen Lichtblick, mal etwas zu viel getrunken. Hier raubt eine Erkältung die Konzentration, da zerbröselt die Lust mit der Trockenheit des Lernstoffs. Nur wer dranbleibt und akzeptiert, dass man meist „nur" 60 Prozent dessen schafft, was man sich vorgenommen hat, kommt voran. Sich ein schlechtes Gewissen einzureden, bringt nichts. Gib nicht auf! Woher soll der Trainings-Effekt kommen? Selbst wenn du nur 20 Prozent deines Pensums schaffst – besser als nichts! Morgen wird es sicher leichter!

Das Aufwärmen

Zudem sind **Lernplateaus** normal: Wir treten tagelang auf der Stelle und kommen gefühlt keinen Meter voran. Unser Gehirn ist kein Mac-Book. Bis sich neue Nervenverbindungen bilden, dauert es etwas. Und so ist ein Verlauf wie dieser recht typisch:

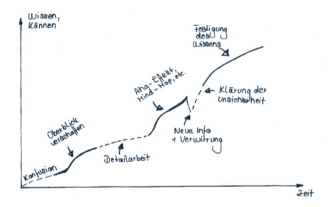

Ich habe meinen Fortschritt in einem Sprachkurs beobachtet: Als ich in Rom ankam, konnte ich halbwegs Italienisch, es war nur eingeschlafen. Nach drei Tagen ging es wieder gut. Gleichzeitig lernte ich neue Grammatikregeln und bemerkte nun viele Fehler. Im Versuch alles richtig zu machen, scheiterte ich: zu viele Zeitformen und Ausnahmen! Nach einer Woche sprach ich schlechter als zum Anfang. Ich musste das Tempo runterfahren und übte gezielt nur eine Zeitform pro Tag. Von da an ging es langsam wieder aufwärts.

Lass dich von solchen Wellenbewegungen nicht verunsichern! Das Gefühl „heute nichts geschafft zu haben" oder „im Lernstoff keinen Millimeter weiterzukommen" ist nur ein Gefühl! Aha-Effekte und große Verständnisfortschritte müssen durch kontinuierliches Dranbleiben vorbereitet werden.

 Neues Wissen braucht Zeit zum Reifen.

Übung: Denke an deine letzte Prüfungsphase zurück und zeichne deine Lernkurve auf: Wann stieg sie besonders stark? Wodurch?

So geht ein Power-Lerntag

Teile den Tag in Lernblöcke ein. Ideal sind 4 bis 5 Lerneinheiten à 1,5 Stunden, denn unsere Energie schwankt in kleinen Wellen von ca. 90 Minuten. Dann erreichen wir ein Zwischentief – bemerkbar am Gähnen, Hunger, Durst, Tagträumen oder am Abschweifen. Während die Zeit der *körperlichen* Produktivität ungefähr 90 Minuten beträgt (**Lernsession**), ist die Phase hoher *geistiger* Konzentration bereits nach 20 bis 45 Minuten erschöpft (**Konzentrationseinheit**). Entsprechend dieser Zeitfenster können wir unsere Aufgaben anpassen:

Optimale Taktung zum Auswendiglernen: Besonders wenn wir uns Dinge merken und sie abspeichern wollen, brauchen wir viele Pausen, in denen Informationen gespeichert werden können. Deswegen sind hier kurze Lernsprints besser als lange Büffelsitzungen am Stück. Ich würde dir also in einer Lernsession kleinere Intervalle à 20 Minuten mit jeweils fünf Minuten Pause empfehlen.

Optimale Taktung, um neue Inhalte zu erarbeiten: Wenn wir dagegen noch in der Phase der Erarbeitung von Infos und Zusammenhängen sind, brauchen wir einige Zeit, um uns in eine Sache hineinzudenken. Plane 30 bis 60 Minuten für aktives Lesen, Erstellen eines Konzeptes, Anfertigen einer Mindmaps etc. ein. Ist die Tätigkeit monoton, z. B. beim Lesen, würde ich ca. 45 Minuten lesen und dann die Tätigkeit wechseln. Hier wäre das eine Zusammenfassung (15 Minuten), danach verschaffe ich mir einen Überblick über das kommende Kapitel (5 Minuten), lese noch mal 20 Minuten und ergänze zum Schluss die Zusammenfassung.

 Abwechslung und Pausen erhöhen die Leistung, Zufriedenheit und Motivation.

So könnte eine gute Zeitaufteilung für einen kompletten Lerntag aussehen – je nachdem, ob du dich im Erarbeitungs- oder Wiederholungsrhythmus befindest:

Zeit	Inhalte erarbeiten 2–3 Fächer gestaffelt / Tag	Auswendig lernen Ein Fach intensiv bearbeitet / Tag
	Frühstück (kurz, aber ausgewogen)	
9.00 **10.30**	**Fach 1** Erstes Thema	**Thema A** Überblick verschaffen, lesen, markieren, zusammenfassen
	Aufräumen | Wäsche ansetzen | kurz einkaufen	Entspannungsübung | kurzes Joggen
11.00 **12.30**	**Fach 1** Zweites Thema	**Thema A** Weiterlesen, markieren zusammenfassen
	Mittagspause (Entspannen, Organisation)	
14.00 **15.30**	**Fach 2** Erstes Thema	**Thema A** Mindmap erstellen, Zusammenfassung aufbereiten
	Kaffeepause | Spaziergang	Kurzes Telefonat | etwas ausdrucken | Wohnung putzen
16.00 **17.30**	**Fach 2** Zweites Thema	**Thema B** Überblick verschaffen, lesen, markieren, zusammenfassen
	Abendessen	
18.30 **20.00**	**Variabel** Weiterarbeiten an Fach 1 oder 2 oder Organisatorisches (z.B. Formatierungen, Recherche)	**Thema B** Weiterlesen. Zusammenfassen. Mindmap erstellen
	Freunde | Sport | Entspannung | Lerngruppen	
23.00 **24.00**	**Wiederholung** Entweder Fach 1 und/oder 2 wiederholen und festigen oder 3. Fach vom Vortag wiederholen (bei vielen Klausuren)	**Thema C** Gemütliches Lesen eines einfachen Textes im Bett, Wiederholung / Ergänzung der Mindmaps

Der frühe Vogel fängt den Wurm

Beginne morgens mit den großen Brocken! Der Kopf ist frisch und es lässt sich gut kreativ denken. Arbeite unangenehme Aufgaben sofort ab – dann kann der Tag nur besser werden! Eine Studentin schob Mathe immer weiter auf, vom Vormittag zum Nachmittag, „Ach, ich mach es doch lieber am Abend". Bis es so spät wurde, dass es objektiv gar nicht mehr ging. Erst dann konnte sie aufatmen – ohne aber das Problem gelöst zu haben. Unschön: Man trägt den ganzen Tag ein schlechtes Gewissen durch die Gegend und macht nur Scheintätigkeiten.

Hausaufgaben leicht gemacht

Feste Uhrzeiten sind etwas Tolles: Die Frage „Wann mache ich die Aufgaben?" stellt sich erst gar nicht. Die Motivation fällt leichter. Plane die Hausaufgabenzeit nicht zu spät ein, z. B. von 15.00 bis 16.30 Uhr. Freizeit lässt sich nicht genießen, wenn im Hinterkopf der Gedanke an unerledigte Aufgaben umherschwirrt. Zwei Stunden sollten dabei das Maximum sein. Studien zeigen: Wer länger arbeitet, ist oft ineffizienter und bekommt schlechtere Noten. Versuche, deine Aufgaben in dieser Zeit zu schaffen! So musst du dich fokussieren und kannst dich leichter aufraffen, wenn ein Ende in Sicht ist. Verbanne Ablenkungen aus deinem Zimmer: Internet, Telefon, Musik, quengelnde Geschwister und quietschende Meerschweinchen. Je konsequenter du bist, desto schneller hast du Freizeit, die du wirklich genießen kannst!

Beginne mit dem schwierigsten Fach und setze dir ein Limit, z. B. 25 Minuten. Wenn du die Aufgabe bis dahin nicht geschafft hast, war es wohl zu schwer. Bitte Eltern oder Lehrer um Hilfe. Nach den 25 Minuten heißt es kurz durchatmen und ran geht es an den nächsten 25-Minuten-Block. Lerne aber bitte nicht Mathe und Physik oder Spanisch und Englisch direkt hintereinander. Da die Lerninhalte ähnlich sind, kann das verwirren. Also wenn schon Spanisch – Mathe – Englisch – Physik oder noch besser: Spanisch und Mathe am Montag, Englisch und Physik am Dienstag.

Das Aufwärmen

Mythos Multitasking

Es klingt verlockend, mehrere Dinge gleichzeitig zu tun (Ach, mal schnell schauen, was es auf Facebook Neues gibt … Bei der Gelegenheit wäre ein Tee auch nett …). Die Gefahren sind jedoch zu groß: Mit jeder Störung sinkt die Konzentration. Es kann bis zu 25 Minuten dauern, bis man in einer Aufgabe wieder voll drin ist.

Besonders beim Lernen ist Multitasking fatal: Die meisten Prozesse im Gehirn laufen automatisch ab. Wir denken nicht jedes Mal nach, wie wir abwaschen, Autofahren, laufen, sprechen, aufräumen. Während diese Prozesse parallel ablaufen können (z. B. Autofahren und Sprechen), funktioniert das bei den bewussten Denkprozessen nicht. Sie sind *seriell* und können nur nacheinander ausgeführt werden, d. h. das Gehirn kann **nicht** zwei Dinge gleichzeitig denken!

Trenne deswegen die Lernaufgaben: Entweder du fokussierst dich pro Arbeitsblock auf ein Fach und wechselst nach der Pause. Oder teile den Tag in Vormittag / Nachmittag / Abend mit jeweils einem anderen Thema ein. Manche arbeiten lieber ein Thema pro Tag ab, andere wechseln nach drei Tagen.

Verdopple deine Konzentration

Mein Lieblingstipp: Lies einen Text so, als müsstest du ihn sofort hinterher jemand anderem erzählen! Oder lausche dem Vortrag, als müsstest du die Kernthesen hinterher selbst in der Gruppe präsentieren. Das fokussiert deine Aufmerksamkeit, du trennst automatisch wichtige Informationen und Fakten von Details und du vollziehst die Logik und Struktur des Themas intensiver nach.

Kreativitätstechniken für bessere Konzentration

Interviewe den Autor: Wie steht er der Sache gegenüber? Ist er kritisch oder huldigend? Woher bezieht er seine Argumente und Quellen? Warum schreibt er diesen Text? Was will er bewirken? Versuche, das Thema ganz aus seiner Gedankenwelt, aus seinem Blickwinkel, zu verstehen.

Versetze dich in die Situation: Wie wird der 30-jährige Krieg aus Sicht eines Königs erlebt? Welche Auswirkungen hat er auf einen Straßenmusikanten?

Spiele Lehrer: Wem willst du das Gelernte berichten? Deiner Lerngruppe? Deinem Chef? Deiner Oma? Freundin? Nichte? Deinem Kuscheltier?

Stell dir bildlich vor, wie aufkommende ablenkende Gedanken sich wie eine Dampfwolke auflösen und der Blick auf die Tafel wieder frei wird.

Versuch es spielerisch: Stell dir vor, du bist ein Sozialarbeiter, dessen Job es ist, den armen Kerl dort vorne, der verzweifelt versucht, eine Aussage herüberzubringen, zu verstehen. Oder du bist der Detektiv, der herausfindet, worum es in diesem schwierigen Fall geht!

Fasse nach ein paar Sätzen das Gesagte kurz **zusammen** – in deiner Sprache. Im Zweifel stelle die „Überblicksfrage": „Herr S., habe ich Sie richtig verstanden, dass Sie XY nicht für optimal halten?"

Denke weiter, als der Redner es explizit tut. Achte nicht auf die Wortwahl – versuche Probleme, Gründe und Lösungsversuche zu verstehen.

Mit Spaß zur Höchstleistung

Ich frage Seminarteilnehmer gern nach ihren schlimmsten Lernerfahrungen – hier Beispiele von Juristen:

Das Normenkontrollverfahren – viel zu abstrakt | Die Zwangsvollstreckung – ein Zwang, das zu wiederholen | Verwaltungsrecht – so langweilig wie der Name | Staatsrecht – da ist nichts hängen geblieben | römische Rechtsgeschichte – trocken | Latein – was soll man noch damit? | Zivilrecht – hatte kein System | Rechtsgeschichte – ich hatte keinen Bezug dazu

Was fällt auf? Es sind immer dieselben drei Dinge, die das Lernen erschweren: Der Stoff ist zu **abstrakt**, zu **trocken** vermittelt oder man hat **keinen Bezug** zu den Informationen. Unter diesen Umständen entsteht ein Teufelskreis: Wenn wir uns unsicher oder überwältigt fühlen, überkommen uns negative Gefühle. Diese behindern die Verarbeitung. Das Gefühl der Ohnmacht verstärkt sich. Damit distanzieren wir uns noch mehr vom Lernstoff.

Positive Einstellung, Offenheit und **Ausgeglichenheit** sind Voraussetzung für die Infoaufnahme! Sie steigern die Lernlust, Vorstellungskraft und Konzentration. Neue Studien zeigen sogar, dass wir bei guter Laune besser abstrahieren, flexibler denken und es uns leichter fällt, das große Ganze zu sehen. Woher kommt das?

Unser Gehirn besteht evolutionsgeschichtlich aus drei Teilen: Im ältesten Teil, dem Stammhirn, werden die grundsätzlichen Körperfunktionen wie der Herzschlag geregelt. Dieser Teil ist nicht willentlich beeinflussbar. Dann kommt das Mittelhirn mit dem limbischen System, das für die Emotionen verantwortlich ist. Die jüngste Schicht ist das Großhirn, das alle bewussten Vorgänge wie Denken, Lernen, Entscheiden, Kreativität steuert. Es gilt dabei: **Emotion vor Kognition** (Denken). Durch die schnelle Unterscheidung der grundlegenden Emotion „**gut**" (das, was wir kennen und uns beim letzten Mal nicht umgebracht hat) und „**böse**" (alles Unbekannte – die große Miezekatze mit den zwei spitzen Säbelzähnen) konnten wir überleben. War ein Umweltreiz „böse", reagierten wir mit Abwehr und Flucht. Zeit für langes Nachdenken blieb nicht. Heute behindert uns dieser Schutzmechanismus: Wenn wir in Stress geraten oder negativ gestimmt sind, sinkt die Denkleistung.

Das limbische System ist eine Schaltzentrale: Ankommende Infos werden hier bewertet und erst dann, wenn der Weg frei ist, werden die Infos ans Großhirn zur Verarbeitung geschickt.

Kinder sind perfekte Forscher. Unvoreingenommen beobachten sie neue Dinge, beäugen sie, wollen sie anfassen und ausprobieren. Sie imitieren alles und lernen extrem schnell. Jeden Tag strömen Hunderte neue Situationen und Eindrücke auf sie ein. Hast du mal ein Kind gesehen, das gestresst davon war? Leider schaffen nur wenige, ihre Neugier ins Erwachsenenleben hinüberzuretten. Sind das alles Kindsköpfe? Keineswegs! Der Motivationsforscher Csikszentmihalyi untersuchte Nobelpreisträger, Wissenschaftler und Musiker. Er fand zwei Gemeinsamkeiten bei diesen High-Performern: ausgesprochene Neugier und ausdauernde Leidenschaft. Wer sich selbst hinterfragen kann, für Vorschläge offen ist und Fehler zugeben kann, hat demnach gute Chancen auf eine großartige Karriere.

 Wir lernen mit dem Kopf und dem Herzen.
Die Frage ist nicht: „Kann lernen Spaß machen?"
Lernen *muss* Spaß machen!

Neugier ist der Treibstoff des Lernens. Wie können wir diese Offenheit fördern?

Suche die positiven Seiten

Viele Grundlagenfächer sind eine Herausforderung für unsere Motivation. Statistik ist z. B. für viele ein zähes Fach mit schwer greifbaren Fragestellungen. Und die meisten Dozenten brillieren nicht gerade darin, diese abstrakten Konzepte und ihre verwurstete Fachsprache in simples Deutsch zu übersetzen. Auch ich war damals gelangweilt und frustriert. Ich wollte ins Marketing – in eine Welt mit bunten Bildern, Kreativität und schönen Frauen. Statistik passte nicht in diese Reihe. Bis jemand mir erklärte, dass Marketing und Marktforschung eng verbunden sind und keine Werbekampagne ohne statistische Daten abgesegnet wird. Plötzlich war Statistik keine unliebsame Nebengeschichte mehr, sondern Grundlage für meinen späteren Erfolg. Während der Unterricht objektiv dröge blieb, änderte sich aber *meine Einstellung* und damit meine Motivation.

> **Buchtipp:** Für alle Leidensgenossen erklären Markus Oestrich und Oliver Romberg in „Keine Panik vor Statistik" auf unterhaltsame Art mit vielen Comics und zeigen durch studentennahe Beispiele („Wie hoch ist die Wahrscheinlichkeit, dass ein Kondom reißt?"), dass Statistik wirklich sinnvoll sein kann. Erschienen bei Vieweg + Teubner, 3. Auflage, 2010.

Trockene Fächer, Bücher und Dozenten ziehen die Motivation in den Keller. Oft gibt es einen Überstrahlungseffekt und man findet *alles* schlecht. Damit macht man sich aber mehr Mühe und Aufwand als nötig! Folgendes Motto zum Thema „geistige Offenheit" fand ich sehr inspirierend:

> „Ich will so leben, als ob jeder Tag der erste ist, und die Welt vorurteilsfrei jeden Tag aufs Neue entdecken."
> *Amir Kassaei*

Jeder hat ein Leidensfach, durch das man einfach durch muss. Versuche, das Beste draus zu machen! Schalte dein Gehirn von „Unlust" auf „Aufnahme". Suche die Lust am Detail, am komplexen Denken. Eine kleine Übung dazu? Spitze den Bleistift und wage dich an ein unliebsames Fach, ein schweres Thema oder eine langweilige Vorlesung. Sicher gibt es auch positive Aspekte. Finde fünf Gründe, warum dieses Fach bzw. der Dozent herausfordernd, motivierend, inspirierend ist:

Beispiele von Schülern und Studierenden:

Positive Aspekte von Mathe: Es ist ein Grundlagenfach | Man braucht es, um mitreden zu können | Mathe ist in vielen Bereichen anwendbar | Wenn ich mit Zahlen umgehen kann, werde ich nicht übers Ohr gehauen | Es ist ein logisches Fach und baut aufeinander auf | Es wird nicht so viel geschwafelt wie in anderen Fächern | Zahlen lügen nicht | Man muss Dinge ausrechnen können, um Entscheidungen zu treffen | Man muss nicht so viel auswendig lernen | Man kann es praktisch anwenden | Es hat bis jetzt jeder geschafft | Rechnen ist etwas Aktives, das Spaß machen kann

Drei Dinge haben sich für „Horror-Fächer" immer bewahrheitet:

Sie sind langfristig sinnvoll. Jedes Fach ist ein Puzzleteil, das dir einmal beim Verständnis eines anderen Themas helfen wird. Man ärgert sich später, dass man nicht besser aufgepasst hat. Bei mir war es Statistik. Die Ironie des Schicksals will es, dass ich als Doktorand später wochenlang über statistischen Auswertungen gebrütet habe.

Sie sind eine Herausforderung. Es wird uns im Job immer wieder begegnen, dass wir gewisse Dinge einfach tun müssen. Wer sich dagegen sträubt, macht die Aufgaben noch schwieriger und schiebt sie auf.

Der Dozent ist nicht der Inhalt. Es ist meist nicht der Inhalt, der langweilig ist. Ein schlechter Referent kann einem das Interesse an einem Thema fürs Leben versauen. Lass das nicht zu! Suche andere Wege – Videos, Bücher, Online-Vorlesungen, die dich faszinieren. Lass es auf einen zweiten Versuch ankommen.

Das Fach mag nach wie vor nicht zu deinen Favoriten gehören, aber die Einstellung macht's! Eckhart von Hirschhausen meint zu Recht: „*Shit happens. Die Frage dabei ist nur, ob du Taube bist oder Denkmal.*" Was ist mit dir? Ist dein Glas halb leer oder halb voll? Ein schwerer Text ist nichts weiter als ein schwerer Text. Er ist nun mal etwas sperriger zu lesen als dein Nachttisch-Roman. Aber dafür lernst du ja! Wir brauchen eine Möglichkeit, unsere Lernmotivation zu steigern. Ein paar Ideen dafür gefällig?

Setze dir konkrete Lernziele für das aktuelle Fach

Aufmerksamkeit ist mentale Energie. Wir müssen sorgsam mit ihr umgehen, sonst verpufft sie. Bündele deine Aufmerksamkeit auf konkrete Ziele in verschiedenen Ebenen, z. B.:

Inhaltliche Ziele	Methodische Ziele	Persönliche Ziele
• die Proteineiweiß-synthese nachvoll-ziehen können	• eine Hausarbeit strukturieren können	• Frustrationstoleranz entwickeln
• einen Paragrafen auf einen konkreten Rechtsfall anwenden können.	• mit PowerPoint umgehen lernen	• meinen Lernprozess optimieren
• verstehen, wie sich A von B abgrenzt	• prägnant schreiben können	• nicht verkrampfen

6 Wege, um sich mit einem Thema anzufreunden

1. **Beginne leicht**, um ins Thema kommen: Allein die Beschäftigung mit einer Sache generiert ein gewisses Interesse. Je leichter du reinkommst, desto besser. Wähle entsprechende Einstiegspfade: Der eine mag Praktiker-Guides, der andere Taschenbücher, manch einer arbeitet mit Online-Vorlesungen. Persönlich fand ich Philosophie-Comics witzig. So etwas gibt es auch für Quantenphysik, Psychologie etc. Eine Liste dazu findest du auf studienstrategie.de.

2. **Lerne den Autor kennen:** Wer war er? Wie lebte er? Lasse die Helden der Forschung und der Geschichte keine unbekannten Geister bleiben! Wenn man weiß, dass Kant Königsberg nie verlassen hat und Casinonarr war, dass Dalí mit Hilfe von Drogen seinen surrealen Bildern neuen Schwung verliehen hat oder dass Alexander der Große bereits im Alter von 33 Jahren verstorben ist, dann hat man auch mehr Interesse an ihren Theorien und Taten.

3. **Vernetze.** Suche dir Leute, mit denen du über die Inhalte debattieren kannst. Dinge, über die wir reden, signalisieren dem Gehirn, dass sie wichtig sind. Damit ist man aufmerksamer bei der Sache (→ Kapitel 5).

4. **Tu es!** Dasselbe gilt für Dinge, die wir selbst anwenden, dann haben wir einen Bezug dazu. Ein BWLer könnte sich z. B. ein Musterdepot halten, eine Buchhaltung für seine Ausgaben führen, eine kleine Webfirma betreiben oder Statistiken für das Geschäft seiner Eltern erstellen.

5. **Du bist Einstein!** Gibt es jemanden, den du bewunderst? Schlüpfe in seine Rolle. Frage dich, wie Mr. X oder Mrs. Y deine Themen beschreiben würde. Forscher haben herausgefunden, dass amerikanische Mädchen bessere Noten in technischen Fächern schreiben, wenn man sie vorher daran erinnert, dass sie asiatischer Herkunft sind (wird assoziiert mit technischen Kompetenzen) als wenn man sie vorher daran erinnert, dass sie weiblich

sind (wird mit schlechtem technischen Verständnis assoziiert). Also: Versuche, ein kleiner Forscher, Entdecker oder Entrepreneur zu sein. Je deutlicher dieses Bild in deinem Kopf entsteht, desto besser. Lies Biografien deiner Vorbilder, imitiere sie!

6. **Verdeutliche den Nutzen.** Es gibt sicher einen Grund, warum du ausgerechnet *das* Studienfach belegt hast. Was ist dein persönlicher Nutzen – für dich, den Alltag, für deinen Beruf oder dein Hobby?

Belohne dich

Die Lernzeit ist eine schöne Zeit! Statt in der Prüfungszeit zu jammern, schaffe dir lieber eine angenehme Lernatmosphäre! Man kann sich die Zeit sehr angenehm gestalten: Du musst nicht raus, hast den Tag für dich. Du kannst fünf Cappuccino-Sorten zurechtlegen, im Bett lernen, dich mit Kommilitonen im Café treffen, ein kurzes Nickerchen halten oder das Mountainbike mal für eine Stunde auf Hochleistung trimmen, damit der Kopf wieder frei wird. Lernzeit ist ein „produktives Eingeigeltsein", das echt Spaß machen kann!

Glaub an dich

Studien zeigen: Schüler, die sich für wenig begabt halten, entfalten ihre Fähigkeiten nicht. Nicht, weil sie nicht intelligent oder talentiert genug wären, sondern weil sie einfach nicht an sich glauben: Sie geben früher auf, obwohl sie mit etwas Geduld eine passable Lösung oder einen Ansatz finden würden. Hartnäckige und Selbstbewusste schneiden besser ab, auch wenn sie weniger begabt sind!

Ideen zum kreativen Lernen 2.0

Wenn ich die Frage nach den größten Zeitdieben in meinem Seminar stelle, kommt zu 97 Prozent die Antwort: das Internet (die restlichen 3 Prozent würden dasselbe sagen, haben aber gerade nicht zugehört, weil sie mit dem Handy im Internet gesurft haben)! Gerade für das Lernen ist das fatal, weil wir die volle Power und Konzentration brauchen.

Man sieht immer mehr Studierende mit Laptop in der Vorlesung. Das sieht unheimlich motiviert aus. Schaut man den Kollegen dann über die Schulter, sind sie doch nur in Facebook & Co. vertieft. Während der Vorlesung im Internet zu surfen ist nur in einem Szenario legitim: Man hat versucht, dem Dozenten zu folgen, aber es funktioniert nicht. Ist der Stoff zu abstrakt oder das Referat zu trocken? Wenn du das Internet nicht zur Ablenkung, sondern zur Recherche von Fachbegriffen sowie zur Anreicherung, Ergänzung und Visualisierung der Vorlesung nutzt, ist das nicht zu verurteilen. So kann man sonst verlorene Zeit nutzen und bekommt mit einem Ohr zumindest einige Zusatzinfos mit.

Generell wäre ich mit dem Computereinsatz beim Lernen aber vorsichtig. Ob Mindmaps, Notizen oder Kalender: Oft reichen die Papier- und Bleistift-Versionen vollkommen. Sie sind zugänglicher und praktischer. Konzepte oder Mindmaps am Rechner zu machen, ist ein Kreativitätskiller. Überorganisation raubt Zeit und Nerven und ständig online zu sein, funktioniert nur bei starker Selbstdisziplin. Bleib offline, damit dein Gehirn online bleibt! Was, wenn man was nachschlagen muss? Die Dinge auf einem Zettel zu sammeln und in der nächsten Pause gebündelt zu googeln ist die clevere Alternative.

> **Linktipp:** Wenn man jedoch für eine Arbeit ein Wörterbuch, Thesaurus oder Duden online verwenden muss, dann gibt es den „Leech Blocker" – ein Firefox-Plugin: googeln, installieren und dann die Seiten eintragen, mit denen du dich gewöhnlich ablenkst. Zeiten festlegen und dann werden diese Seiten nicht mehr aufrufbar. (Seitdem ich das Tool installiert habe, spare ich täglich mindestens 30 Minuten Arbeitszeit!)

Das Internet ist definitiv der Konzentrationskiller Nummer 1! Richtig dosiert lässt es sich dennoch unterstützend zum Lernen nutzen:

Zur Motivation

Lernblog. An US-Unis werden „Reading-Journals" geführt, in denen Lernfortschritte festgehalten werden. Wenn du dich gern im Internet ablenkst, warum nicht damit? Status-Meldungen auf Facebook bzw. Twitter lassen sich als Motivator nutzen: Poste spannende Fakten, Erkenntnisse und Zusammenfassungen für deine **virtuelle Lerngruppe**. Diese kann kommentieren, liken, Gedanken weiterentwickeln und richtigstellen. Dein Wissen muss knapp formuliert werden und bleibt besser hängen. Du generierst zudem kleine Erfolgserlebnisse zwischendurch.

Facebook-Challenge. Selbstverpflichtungen sind wirkungsvoll: Wie wäre es, morgens dein Tagesziel und am Abend das Resultat zu posten? Du möchtest dein Gesicht vor deinen Freunden nicht verlieren und legst dich ins Zeug! Tipp: Bei Facebook kann man Freunde in Gruppen einordnen (z. B. „Uni", „Lernbuddys") und beim Posten auswählen.

> **Softwaretipp:** Schreiben kostet viel Energie. Deswegen lenken wir uns dabei zu gern ab. Aber das Anti-Ausreden-Programm **writeordie.com** kennt keine Gnade: Die Anzahl der Wörter eingeben, Zeitziel bestimmen, die Bestrafungsart wählen („Sanft, Kamikaze oder Elektroschockmodus") und schreiben. Aber wehe, du machst zu lange Pause – dann ... Ist online gratis, den Desktop-Download gibt es für einen fairen Preis.

Zum Lesen, Lernen, Recherchieren

Wikipedia ist der erste Anlaufpunkt für Recherchen. Wenn ein Artikel unbefriedigend ist, checke die englische Seite, dort gibt es mehr und ausführlichere Einträge. Wikipedia hat jedoch auch Grenzen: Dass viele Unidozenten hier mitschreiben, zeigt sich leider am Schreibstil. Wenn ich ein Statistik-Problem verstehen will und dort wieder auf mathematische Erklärungen treffe, hilft mir Wikipedia wenig.

Deswegen bieten **Foren** eine Anlaufstelle. Einfach die Stichworte in Google eingeben und schauen, auf welchen Foren die Fragen gut beantwortet werden. Die besten Resultate geben 1) Fragen: „Wie mache ich einen t-Test in SPSS?" und 2) Stichworte: „t-Test, SPSS, Mittelwertvergleiche". Eigene Fragen zu posten lohnt sich meist nur in hochfrequentierten Foren, bei denen du innerhalb von zwei Tagen Antwort erhältst. Dazu zählen: gutefrage.net, juraforum.de, medi-learn und die Communitys von unicum.de und e-fellows.net.

Amazon Search Inside. Neben den Standardseiten gibt es eine Suche für Fachworte. Dadurch erhältst du Einblick in sonst verborgene Seiten. Ein Geschenk an Studierende!

Google Books ist einen Besuch wert. Hier finden sich Volltexte vieler (vorwiegend englischsprachiger) Bücher, auch aktueller Lehrbücher.

Homepages der Autoren. Lehrstuhlseiten der Lehrbuchautoren sind nützlich, um sich ein Bild von Aussehen, Lebenslauf und Forschungszusammenhang zu machen. Interessant für Masterarbeiten und Dissertationen sind die Publikationslisten, die häufig einen direkten Download von Fachartikeln erlauben.

Jura-Studierende finden es hilfreich, z. B. Institutionen wie den Europäischen Gerichtshof in Karlsruhe zu googeln, um sich den trockenen Stoff besser „vor Augen" führen zu können. Mark drückte es so aus: „Der Stoff ist sonst so grau und zu weit weg. – Ich muss es schaffen, dass er wieder bunt wird!". Ich persönlich google gern Fotos der Autoren meiner Promotions-Texte, um mich an diese besser erinnern zu können.

Zur Gedankenklärung

E-Mail für dich. Schreibe eine E-Mail an deinen Betreuer und schildere deinen Arbeitsfortschritt: Was hast du bisher getan? Wo stehst du jetzt? Welche Probleme sind aufgetreten? Welche Lösungsmöglichkeiten gibt es? Was wären die nächsten Schritte? So siehst du klarer – das Absenden wird überflüssig.

Zum Nachschlagen, Spicken, Schreiben

Leo.org Bekanntes Wörterbuch, mittlerweile in acht Sprachen.

Duden.de (Nie mehr) ohne Worte.

Canoo.net hilft auch bei der deutschen Grammatik.

Openthesaurus.de bringt dir Synonyme fürs Schreiben.

Fremdwort.de macht Deutsch draus.

Apps. Ich schwöre auf Wörterbücher, welche die Suchanfragen speichern (z. B. von PONS). So kann man einfach Vokabeln unterwegs wiederholen.

YouTube als Lernhilfe

US-Unis bieten Mitschnitte erstklassiger Vorlesungen (z. B. Psychologie von Yale oder Quantenphysik von Stanford). Viele Vorträge renommierter Forscher von Konferenzen (z. B. „TED") werden 1:1 online gestellt. Salman Khan ist mit seinen Mathe-Videos ein Star im Internet, eine deutsche Variante kommt z. B. von Felix Donhöfner. Die Bundeszentrale für politische Bildung erklärt das Zustandekommen von Überhangmandaten, thespanishforum.com erklärt in kurzen Videolektionen spanische Grammatik und Unis wie Bielefeld bieten Vorlesungspodcasts.

Tipps fürs Lernen mit YouTube:
⇨ Die wichtigste Frage: Welche Absicht verfolgt der Anbieter?
⇨ Seriöse Autoren bleiben nicht anonym.
⇨ Thema, Inhalte und Lernziele werden zu Beginn genannt.
⇨ Je mehr Beiträge und Besucher, desto vertrauenswürdiger.
⇨ Mit dem Firefox Add-On „DownloadHelper" lassen sich Videos herunterladen und offline ansehen (z. B. beim Pendeln zur Uni).

So besiegst du den inneren Schweinehund

Schalte sofort in den Denkmodus!

Kannst du dir vorstellen, dass ein Sportler so trainiert?

- 5 Minuten trödeln
- 10 Minuten umziehen
- 15 Minuten Plausch mit Trainer
- Ein paar Runden laufen
- Ausruhen, vor sich hin dösen
- Etwas dehnen
- Tee kochen, auf Toilette gehen
- 5 - 6 Weitsprünge, jeweils 2 Minuten Pause, kurzer Smalltalk mit Trainingskollegen
- 10 Minuten telefonieren
- Trainingsende nach hinten verschieben, weil man noch nichts geschafft hat
- Beim Gewichtheben die großen Gewichte kurz anheben, aber wieder fallen lassen, weil sie zu schwer sind. Sich den kleinen Gewichten zuwenden
- Weil man gerade etwas k.o. ist, schnell die E-Mails checken
- Im Internet hängen bleiben
- Nach einer Stunde wieder aufwachen, erschrocken sein
- Schnell noch Krafttraining machen, nach 10 Liegestützen aufgeben, weil es nun „eh viel zu spät" geworden ist

So etwas ist uns früher beim Turnen tatsächlich passiert: Unser Trainer hat heimlich mit der Stoppuhr gemessen, wie lange wir von zwei Stunden Trainingszeit tatsächlich in Bewegung waren. Das erschreckende Resultat: nur ca. 15 Minuten! Wir verzetteln uns nur zu gern. Ablenkungen sind immer willkommen. Und der innere Schweinehund lacht sich ins Fäustchen, weil er wieder eine Ausrede gefunden hat. Deswegen müssen wir ihm mit den folgenden Maßnahmen jedes Schlupfloch verbauen.

Der perfekte Augenblick zum Anfangen ...

... existiert leider nicht! Man muss sich ihn schaffen. Motivation kommt durch die Tätigkeit an sich, selten durch die Eingebung. Selbst wenn du nach totaler Ruhe plötzlich einen Geistesblitz hattest – er ist immer das Resultat der Beschäftigung mit dem Thema.

Es gibt immer Dinge, die man schnell noch tun könnte: Zeitung lesen, Rechnung begleichen, Mails checken, den Abwasch, nur noch schnell... STOPP! Hier wirst du von deinem inneren Schweinehund sabotiert. Diese Tätigkeiten darfst du gern tun – *nachdem* du dich eingehend mit deinem Thema beschäftigt hast!

10-Minuten-Trick

Warte nicht, bis du alle Infos zusammen hast, der Schreibtisch sauber, die Katze gefüttert und der Kaffee gekocht ist... Keine Ausreden – an die Front! Wenn dir gar nicht danach ist, erlaube dir, nur zehn Minuten zu arbeiten. Wenn es in diesen zehn Minuten tatsächlich nicht besser wird, dann darfst du nun eine lange Pause machen, ins Kino gehen, die Katze Gassi führen oder zur Erfrischung baden gehen. Meist ist es aber so, dass die Aufgabe einen dann festhält, man sich schon irgendwie reinfindet. Und genau das ist gewollt bei diesem Trick.

Einstiegs-Zuckerl

Am besten fängt man mit Dingen an, die nicht wehtun:

- Notiere zentrale Fragen, um deine Gedanken zu bündeln.

- Mache eine To-do-Liste, sortiere Dateien.
  Kontrolliere deine Unterlagen auf Lücken.

- Lies ein paar Seiten quer und blättere ein wenig im Skript.
  Grenze Themen ein.

- Kurbele deine Gedanken so schnell wie möglich an. Überleg dir: Was ist von den gestrigen Inhalten hängen geblieben? Was sind die drei großen Themen, die ich heute wissen will? Wie will ich es anpacken?

- Besorge Bücher, Skripte, fehlende Unterlagen, alte Klausuren.

- Entwirf einen Lernplan.

- Finde einen interessanten Einstieg: Manche werden durch Statistiken und Sachbücher aufmerksam, andere durch Videofilme.

Vorsicht vor falschen Ausreden!

Lern-Saboteure	Gegenmaßnahmen
„Heute schaffe ich nichts mehr"	Wiederhole Dinge, die du heute oder gestern gelernt hast. Mach eine Standortbestimmung, schreib Fragen auf. Blättere das Buch noch mal locker durch.
„Ich bin zu müde"	Mach leichte, aktivere Dinge von deiner To-do-Liste. Erledige Organisatorisches, Anrufe, Papierkram. Schlaf 20 Minuten (Mini-Schlaf) und gönn dir dann einen Tee oder Kaffee.
„Heute ist nicht mein Tag"	Mach eine Pause, entspann dich, genieß den Tag. Dann setzt du dich noch einmal für genau eine Stunde ran. Erst danach darfst du bewerten, ob das heute wirklich nicht dein Tag ist.
„Es sind ja nur 20 Minuten bis zur Tagesschau"	Lies 20 Minuten in deinem Buch. Gehe deine Lernkartei durch. Lies dein Skript. Bestell Literatur in der Bibliothek. Sprich dich kurz mit einem Kommilitonen ab. Recherchiere einen Fachbegriff. Es gibt 1.000 Dinge, die in 20 Minuten erledigt sein können!

Das Aufwärmen

9 Ideen

So macht das lernen (wieder) Spaß:

- **Verwöhne dich** mit neuen Teesorten, einer Kaffee-Auswahl mit diversen Sirupen, leiste dir einen Fruchtkorb und Studentenfutter.

- **Entspanne dich** in deiner Badewannen-Oase. Sorge mit neuen Badezusätzen auch mal tagsüber für Abwechslung.

- **Lerne kreativ:** Unterstreiche und markiere mit verschiedenen Farben, male witzige Bilder (→ Kapitel 6). Fertige ein Lern-Poster mit Schlüsselbegriffen und Skizzen an und hänge es über dein Bett, den Schreibtisch oder die Spüle in der Küche.

- **Lerne mit Freunden** (→ Kapitel 5).

- Bau dir deine Chill-out-Ecke mit flauschigen Kissen, Pflanzen und Musik, in der du entspannt Dinge wiederholen und auswendig lernen kannst (**Ort für Wiederholungen**).

- Suche dir in deiner Stadt oder im Park einen Ort zum kreativen Denken, Konzeptionieren und Träumen. An diesem Ort kannst du auch witzige Lernbilder zeichnen (**Ort für Inspiration**).

- Optimiere deinen Arbeitsplatz nach ergonomischen und funktionellen Gesichtspunkten. Das ist deine Werkshalle – hier wird zuverlässig Wissen produziert (**Ort für Produktivität**).

- **Rituale** sind förderlich: Fitness-Übungen, ein Spaziergang, Blumen gießen, ein kurzes Telefonat, der Handstand zwischendurch, das Wiederholen von Vokabeln beim Joggen oder der Cappuccino-Start in den Tag.

- **Lerne ganzheitlich** mit (ruhiger) Musik und Duft. Verbinde den Lernstoff mit vielen Eingangskanälen. Je mehr Wahrnehmungsfelder im Gehirn beteiligt sind, desto mehr Assoziationsmöglichkeiten hast du. Eine Liste von spezieller Lernmusik findest du auf Studienstrategie.de.

3
Die erste Hürde

Suche das Global Picture

Früher trainierten wir im Turnen zu 75 Prozent nur Grundlagen. Klar: Wie soll ich einen Doppelsalto üben, wenn ich mich bei der Vorwärtsrolle schon anstelle wie ein betrunkener Grizzlybär beim Paarungsversuch?

Beim Lernen ist das ähnlich. Erst wenn wir das „große Ganze" verstehen, können wir Details und Beispiele einordnen. Es generiert einen Filter im Kopf und hilft, das Wesentliche im Blick zu behalten. Man traut sich, Nebensächliches zu ignorieren und irrelevante Textpassagen zu überspringen.

Zentrale Fragen

- Was ist das Global Picture?
- Wie kann ich Texte schneller und leichter verstehen?
- Wie erarbeite ich mir einen Überblick?
- Wo finde ich zentrale Textstellen?

Eine Expedition ins Ungewisse?

Die Lernstrategie steht und wir haben uns zum Lernen aufgerafft. Positiv gelaunt und neugierig gehen wir an den Stoff. STOPP! Nun dein Buch aufzuschlagen und einfach mit dem Lesen zu beginnen ist keine gute Idee. Dein Leseprozess würde einer Expedition ins Ungewisse gleichen:

Du würdest dich langsam ins Gelände tasten und hinter jedem Baum den Wissensschatz suchen. Natürlich würdest du viele Hinweise finden. Zu viele. Nun bist du mitten im Wald. Zweifel überkommen dich, ob du vor Einbruch der Dunkelheit dein Ziel findest. Ein (über-)ehrgeiziger Entdecker würde nun seinen Aufwand erhöhen, schneller laufen und so stärker ermüden. Er beginnt, Fehler zu machen und übersieht Wegmarkierungen. Er stellt seine Fähigkeiten infrage, verläuft sich öfter und muss sich mehr anstrengen, sein Ziel doch noch zu erreichen.

Der erfolgreiche Entdecker hingegen steigt erst auf einen Aussichtspunkt und sucht nach Hinweisen, wo der Schatz versteckt sein könnte. Er verschafft sich einen Überblick über das Gelände und merkt sich Orientierungspunkte. Dann nimmt er den Hubschrauber und fliegt zu Stellen, an denen er leicht landen kann.

Die erste Frage: Worum geht es?

Sucht man nach „Global Picture + Lernen" bei Google, findet man magere 200 Treffer, darunter keiner mit einer vernünftigen Erklärung. Ein Indiz, dass dieser wichtige Prozess noch nicht in unserem Denken verankert ist. Wagen wir mal eine Definition: Wer das Global Picture sieht, erkennt **Zusammenhänge** und **Bedeutung** des Wissens. Es ist die Reduktion und **Abstraktion** des Stoffs auf ganz elementare Fragen. Im englischen Journalismus benutzt man das „Global Picture", wenn Zusammenhänge komplex sind. Dann versucht man, mit Abstand „das große Ganze" zu sehen: Was ist passiert? Was bedeutet das für die Betroffenen? Welche Maßnahmen müssen getroffen werden? Auch uns helfen beim Lernen zunächst diese elementaren „**W-Fragen**":

- **Worum** geht es? Die Definition der Sache.
- **Was** ist die Oberkategorie? Zu welchem Bereich gehört es?
- **Warum** ist etwas geschehen? Was waren die Gründe?
- **Wie** funktioniert die Sache? Was ist die logische Abfolge?
- **Wozu?** Bestimmt den Zweck und den Nutzen.
- **Wo und Wann** ordnen die Dinge örtlich und zeitlich ein.
- **Wer?** Bestimmt wichtige Urheber/Vertreter/Akteure.

Da sich der Lernstoff meist auf mehrere Informationsbereiche erstreckt, muss man weitere Elemente verstehen und einordnen:

- **Kernthemen.** Was sind die wichtigen Eckpfeiler, Komponenten, Aspekte und Inhalte eines Themas?
- **Zusammenhänge** geben die internen Verbindungen und Abhängigkeiten an.
- **Kontext.** Die Einordnung in eine größere Abfolge. Ist die Sache eine Grundlage oder ein Detail? Anfang oder Ende? Ist sie Teil einer Abfolge oder Serie?

Diese Fragen sind die erste Begegnung mit einem Thema und bilden ein Fundament, auf das sich das weitere Verständnis aufbaut. Behalte sie beim Lesen und Zuhören immer im Hinterkopf. Hilfreich ist eine Checkliste oder eine Mindmap, auf die du die entsprechenden Informationen direkt nach dem Lesen ergänzt. Unten ist dafür ein schönes Beispiel für die Wirkung und den Reaktionsprozess für ein gewisses Hormon. Hier sieht man die Elemente des Global Pictures (Woraus?, Was?, Wo?, Wozu?, Besonderheiten) und den Kernprozess schön herausgearbeitet.

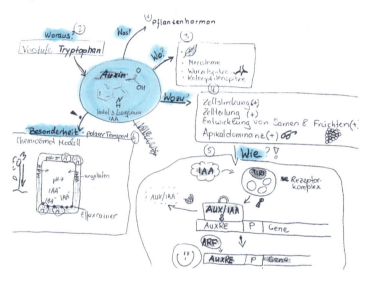

⭐ „Hätte man mir zum Anfang erklärt, wozu ich die Oberflächen von Kugeln berechnen muss, hätte ich mich viel leichter getan."
Frank, zum Physik-Kurs

Das Global Picture spart Zeit

Eine Medizinerin verrät in einem Lernforum ihren Geheimtrick: „Ich fand es hilfreich, erst einen Überblick zu gewinnen, bevor man Details auswendig lernt, z. B. bei Stoffen oder Medikamenten:

1. Was haben alle Substanzen gemeinsam?
2. In welche Gruppen kann man sie unterteilen?
3. Was haben die Gruppen gemeinsam?
4. Jetzt erst die einzelnen Aminosäuren.

Die erste Hürde

Wenn du weißt, wie die Stoffgruppen grundsätzlich aussehen und in welche Gruppe Phenylalanin gehört, musst du dazu nur noch halb so viel lernen."

Ein Kollege ergänzte: „Sinnvoll erscheint es mir, die Stoffwechselwege zu lernen, z. B. die Schritte des Zitratzyklus, und diese in einen Zusammenhang zu bringen. In dieses System kann man dann andere Prozesse wie den Aminosäureabbau integrieren. Einige Grundsubstanzen gilt es zwar noch auswendig zu lernen, vieles kann aber – wenn man den Stoffwechsel als solchen begriffen hat – **gut abgeleitet** werden."

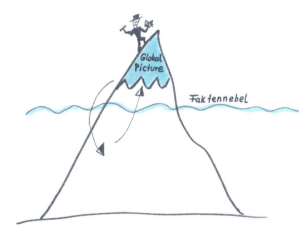

Das Verständnis der Grundlagen und Muster eines Konzepts, einer Theorie oder, wie hier, eines chemischen Vorgangs macht viele Details überflüssig, weil man sie auf ein zugrunde liegendes Gesetz, Schema oder Konstrukt zurückführen kann. Kurzum:

 Wer das Global Picture kennt, spart sich viele Details.

Der Blick ins weite Land

Wie gelangt man zum Global Picture? Manchmal reicht ein Blick ins Inhaltsverzeichnis, oft aber muss man sich den Zusammenhang aus verschiedenen Quellen zusammenpuzzeln. Wir können drei Stufen ableiten:

1. Stufe: Verstehen des Global Pictures (Deduktion)

Manchmal haben andere das Global Picture bereits erarbeitet. Bei Sach- und Lehrbüchern findet man die Struktur und die Kernbotschaft recht leicht, indem man den Klappentext, die Einleitung und das Inhaltsverzeichnis gründlich studiert. Beim Sachbuch „Die Krise kommt" des Finanzprofessors Max Otte ist glasklar, welche Position der Autor vertritt: Er argumentiert direkt, dass eine Wirtschaftskrise kommt, und leitet seine Thesen in Unterkapiteln ab. Bereits vor dem Lesen wird die Absicht des Autors klar: Der Leser soll vor der Gefahr gewarnt werden und Vorsorgemaßnahmen treffen. Mit diesem Wissen fällt die Einordnung der Argumente nicht schwer. Bin ich von einem Punkt überzeugt, brauche ich das Kapitel nicht unbedingt vertieft lesen – dann sind seine Folgerungen im zweiten Teil des Buches wichtiger.

Ein gut strukturiertes Buch erarbeitest du so:

⇨ **Klappentext, Vorwort** und **Autorenporträt** vermitteln den Kontext des Buches und weisen auf Besonderheiten hin.

⇨ Das **Inhaltsverzeichnis** ist der Dreh- und Angelpunkt des Buches. Studiere es genau! Was sind wichtige Themen? In welchem Verhältnis stehen sie? Ist ein Thema zentraler, länger, tiefer gegliedert? Was verraten die Unterpunkte?

⇨ Lässt der Überblick schon eine **Priorisierung** zu? Gibt es Kapitel, die du gar nicht lesen brauchst? Nimm dicke Büroklammern und klammere diese Seiten von vornherein aus. Das reduziert den Leseaufwand optisch.

⇨ Besonders wichtige Dinge werden gern grafisch veranschaulicht oder hervorgehoben. Blättere also die einzelnen Kapitel durch und lies die **Überschriften**, betrachte **Grafiken**, **Bilder** und Bildunterschriften.

⇨ Überfliege die Einleitungen und die Enden der Kapitel. Gibt es **Zusammenfassungen**? Lies diese zuerst!

⇨ Gibt es **Kontrollfragen**? Diese weisen auf wichtige Inhalte, Fakten und Zusammenhänge hin. Bevor du mit der Lektüre beginnst, schreibe einige Fragen heraus und lege den Zettel als Aufmerksamkeitsanker neben das Buch.

⇨ Bei **Fachartikeln** geben Abstract, Einleitung und Diskussion Überblick über das Ziel und die Ergebnisse der Studien. Die detaillierten Methodenbeschreibungen und Ergebnisberichte kannst du dir meist sparen.

Durch diese Schritte merkt Jan im Seminar, dass er von 300 Seiten eines englischen Fachbuchs nur 140 tatsächlich braucht. Zeitbedarf: 45 Minuten. Ersparnis: ca. 30 Stunden Lesezeit.

2. Zusammensetzen des Global Pictures (Induktion)

Lernen gleicht einem Videospiel: Zum Anfang bekommt man relativ einfache Texte und Inhalte, die man nachvollziehen kann. Dann geht es in immer höhere Level und Schwierigkeitsgrade mit fieseren Gegnern. Nun sind die Texte und Quellen nicht mehr gut aufbereitet. Begeben wir uns hinein in den Dschungel aus unterschiedlichen Theorien, Argumenten, Konflikten und Debatten! Wir betreten nun das wissenschaftliche Feld, dessen Kern es ja gerade ist, sich aus unterschiedlichen Forschungen und Meinungen einen Überblick, einen Standpunkt oder eine Antwort auf eine Frage selbst zu erarbeiten.

Dazu muss man wissen: Ein wissenschaftlicher Artikel steht niemals für sich alleine. Er nimmt immer Bezug auf eine zentrale Frage, einen Forschungsdiskurs. Er spielt auf andere Studien, Quellen und Theorien an, die in einem Fachartikel selten hinreichend erklärt werden. Stattdessen wird meist nur eine bestimmte Methode, Kritik oder Position innerhalb des darüberliegenden Diskurses dargestellt.

Es ist deswegen ein Fehler, sich an diesen einen Text zu klammern. Man quält sich durch und liest ihn gründlichst, versteht dennoch nur Bahnhof, wenn man die zentralen Fragen noch nicht einordnen kann. Die fehlenden Fragmente müssen zusammengepuzzelt werden – in Skripten, Büchern oder im Internet. Kläre erst die Hintergründe, Ziele und Zusammenhänge. Dann erarbeite den Beitrag des Textes, den er zur übergeordneten Debatte leistet. So kann wohl kaum ein Schüler oder Student von sich aus durch das bloße Lesen von Goethes „Werther" erklären, warum dieser Text zur Weltliteratur gehört.

Es geht bei wissenschaftlichen Texten gar nicht so sehr darum, jedes Wort zu verstehen, sondern den Inhalt. Man muss den Text einordnen können: Wie positioniert er sich? **Was schafft er Neues?** Wie grenzen sich die neuen Gedanken, Konzepte und Studienergebnisse von vorhandenen ab? Was sind die Kernthesen? Um diese Fragen zu beantworten, muss du nicht nur *im*, sondern auch *um den* Text *herum* arbeiten:

⇨ Bringt eine **Internetrecherche** Aufschluss? (Suche nach Hintergründen, Beispielen, Anwendungsformen.)

⇨ Gibt es **Sekundärliteratur** oder Zusammenfassungen?

⇨ Hilft das nicht, **bitte** den Prüfer, den Text in die Debatte einzuordnen. Er wird überrascht sein – nicht, weil du faul erscheinst, sondern weil ihm zeigst, dass du weiter denkst.

⇨ Ergründe durch **Strukturkarten** (Kapitel 4) Argumente und Zusammenhänge.

⇨ Stelle dir die wichtigsten **W-Fragen** in Bezug auf den Text.

3. Einen eigenen Standpunkt finden (Kreation)

Beim Anfertigen von Haus- und Abschlussarbeiten oder Referaten gibt es meist kein objektives Bild, das man 1:1 wiedergeben könnte. Gerade an der Uni sind Eigenleistung, Kreativität und die Fähigkeit, einen eigenen Standpunkt zu entwickeln, gefragt. Eine gute Argumentation mit stringentem roten Faden in einer schriftlichen Arbeit darzulegen, ist jedoch schwierig, wenn man seinem Wissen nicht traut. Nicht, dass das Schreiben an sich schon komplex genug wäre – diese Unsicherheit des eigenen Standpunktes erschwert die Arbeit ungemein.

Es gibt mehrere Möglichkeiten, die Teile zu strukturieren. Du musst entscheiden, was zentral ist und was weggelassen werden kann. **Bewahre eine kritische Distanz zu den Texten!** Wissenschaft und Dozenten tun furchtbar objektiv. Letztlich sind Theorien nur Versuche der Beschreibung der Wirklichkeit, die durch bestimmte Annahmen geprägt sind: Wir versuchen, die Welt aufgrund unserer Beobachtungen in vereinfachenden Modellen zu beschreiben. Dabei nehmen wir an, dass diese Modelle (= Theorien) so lange Gültigkeit besitzen, bis wir genügend Gegenbeweise haben. Eine Theorie ist also nicht die Wirklichkeit, nie zu 100 Prozent zutreffend. Dieses Spannungsfeld zwischen Beweisen für und gegen eine Theorie nennt man Forschung. Dazwischen reiben sich die Gemüter und Gelehrten.

Das Lösen von Details ist Voraussetzung fürs wissenschaftliche Arbeiten. Nur so kann man überhaupt einen Anfang finden und erstarrt nicht. Es ist die zentrale Leistung in jeder schriftlichen Arbeit, die Frage zu konkretisieren, Literatur einzugrenzen und Kernargumente zu bestimmen. Allein diese Aufgabe kostet bei einer Doktorarbeit schnell ein Jahr und bildet ca. 30 Prozent der Leistung!

Hilfen, um an deiner Argumentationslinie zu feilen:

Recherche. Wie haben es andere strukturiert? Vollziehe in ähnlichen Büchern und Hausarbeiten (z. B. Hausarbeiten.de) die Gliederungen nach. Würdest du es genauso machen?

Interview. Erkläre dein Projekt. Dein Gegenüber soll den Reporter spielen und Rückfragen stellen. Zunächst wirst du mehr Fragen finden, aber so Lücken besser erkennen, neue To-dos generieren und deinen Kenntnisstand festigen.

Aufschreiben. „Mindestens eine halbe Seite schreiben am Tag!" riet mir eine Kollegin. Wissen und Ahnungen, die nur zwischen unseren Ohren sitzen, werden erkundet. Das Nachdenken wird intensiver, denn aus dem inneren Monolog ist ein innerer Dialog – zwischen dir und dem Text – geworden.

Stichpunktliste. Schreibe deine gesamte Argumentationskette in Stichpunkten auf. Das zwingt zur Reduktion aufs Wesentliche. Musst du restrukturieren?

Mini-Essay. Fasse deine Abschluss- oder Hausarbeit auf nur einer Seite zusammen! Schreibe aus der Erinnerung einen neuen Text mit eigenen Worten: Was habe ich gelernt? Mit welchen Fakten, Beispielen, Argumenten kann ich das belegen?

Dartscheibe: Visualisiere Zusammenhänge, Kreisläufe, Fakten. Ein Naturwissenschaftler malte den Stoffwechsel-Ablauf auf ein Poster, heftete es an die Wand und grinste zufrieden: „So verliert man sich nicht zu sehr in Einzelheiten."

Priorisiere: Male drei Kästen: In die Mitte kommen Kernthesen, drumherum die Belege. Ganz außen stehen Nebenargumente. Damit siehst du den roten Faden klarer.

Wechsle für diese Übungen den Ort. Neue Perspektiven geben das Café, der Park oder ein Aussichtspunkt.

Kapitel 5 greift diese Gedanken noch einmal auf.

Der größte Lese-Irrtum

Die Tugend „Eins nach dem anderen" liegt uns so im Blut, dass wir sie nicht hinterfragen. So gehen wir auch beim Lesen sehr geradlinig und schrittweise vor. Dieses „lineare" Lesen vom Beginn bis zum Ende hat Nachteile: Wie unser Wanderer beginnt man mit einer ziellos-zähen Reise durch das Buch. Man will alles verstehen. Bald ist der mentale Speicher voll, das Verständnis sinkt. Man hat das Gefühl, auf der Stelle zu treten. Man macht eine Pause. Leider ist absehbar, dass es nicht bei einer „kurzen Pause" bleibt: Ohne Aussicht auf Erfolg wird man sich nur schwer wieder aufraffen und schiebt die unangenehme Aufgabe vor sich her.

Einen Text von vorn bis hinten gründlichst zu lesen ist keine gute Idee. Statt linear müssen wir den Text **hierarchisch** lesen. Dies funktioniert über mehrere Lesedurchgänge, die wie bei einem Tagebau Schicht für Schicht freilegen. In der Regel muss man einen **Fachtext mindestens drei Mal lesen**, um ihn wirklich zu verstehen. Das erste Lesen (eher ein Blättern) dient dabei dem Überblick, das zweite, zügige Lesen soll Verständnis schaffen, das dritte Lesen erschließt dann die wichtigsten Textstellen im Detail (und nur die).

Schnelleres Verständnis durch mehrmaliges Lesen

Was das Lesen schwierig macht, ist ein perfektionistischer Anspruch: Man klammert sich an jedes Wort und möchte den Text zu 100 Prozent verstehen. Dies ist aber bei Fachliteratur gar nicht möglich! Publikumszeitschriften, Romane und Sachbücher werden von Lektoren auf Leseverständnis getrimmt. Es werden einfache Worte gewählt und fehlende Hintergrundinfos erklärt. Ein Wissenschaftstext bietet diesen Komfort nicht. Professoren haben weder Zeit noch Interesse daran, ihn auf Verständlichkeit durchzuoptimieren, und Lektoren können den Schreibstil kaum verbessern, weil sie den Inhalt selbst nicht verstehen. Zudem sind Fachtexte ungleich schwerer zu verstehen als „normale" Texte – sie sind gespickt mit Fachvokabular, Details, theoretischen Konstrukten und Neuem. Das überlastet das Gehirn, selbst wenn man noch langsamer lesen würde.

Lesen wir in mehreren Runden, sparen wir Zeit für das mühevolle erste Lesen. Infos werden besser gespeichert, weil das Gehirn ohnehin Wiederholungen braucht: In meinem Leseseminar sind die Teilnehmer anfangs verunsichert, wenn sie Texte schneller als gewohnt lesen sollen. Sie fühlen sich unwohl, wenn sie nur noch die Hälfte verstehen (das ist nur anfangs so). Dann lasse ich sie einen ähnlichen Text noch einmal gründlich lesen. Sie sollen angeben, wie viel Prozent sie von dem Text verstanden haben. Es sind selten mehr als 70 Prozent. Was passiert nun im Laufe der Zeit? Nach 24 Stunden kann man nur noch 20 bis 30 Prozent des Inhalts wiedergeben. **Das gründliche Lesen hat nichts genutzt!** Und was sind das für Infos? Sind das Namen, Fakten, Details, auf die man peinlich genau achtet beim Lesen? Nein. Es sind Eckpunkte: Worum geht es? Wesentliche Themen. Markante Beispiele. Eben Dinge, die dem Global Picture gleichkommen. Das Gehirn merkt sich zuerst das Raster, einen Grobüberblick.

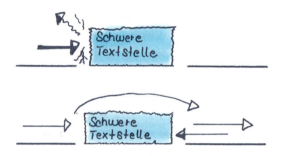

Man kann einen Text nicht sofort verstehen. Wir halten uns zu lange am Detail auf, ein Text kann auch von hinten verstanden werden. Vieles klärt sich durch nachfolgende Beispiele, Anwendungen, erneute Erklärungen.

Als Wissens-Entdecker bist du in einem ständigen Lernprozess: Kolumbus & Co. hatten früher auch keine perfekten Landkarten. Aber auch die ersten Landkarten halfen bei der Orientierung, selbst wenn sie ungenau waren. Mit jeder Expedition wurden die Karten dann genauer und verlässlicher. Du musst ebenfalls deine Lernkarten beständig aktualisieren.

Schicht für Schicht zur Goldader

1. Leseschicht: Texte vorstrukturieren

Ziel der ersten Leserunde ist es, Kernaussagen zu identifizieren und Fragen für das weitere Lesen zu generieren. Blättere das Buch bzw. den Text einmal durch, lies Überschriften, interessant erscheinende Passagen und sieh dir die Schaubilder an. Gibt es Zusammenfassungen? Markiere beim Durchblättern wichtig erscheinende Textstellen, streiche offensichtlich Nebensächliches weg.

Durch den Überblick fällt es leichter, Wichtiges von weniger Relevantem zu unterscheiden und man kann sich eher trauen, ganze Passagen, Argumente und Beispiele zu überspringen, wenn man die Kernaussage verstanden hat. So lernt man auch zu selektieren – überlebenswichtig in jeder Klausur.

Wo findet man die wichtigen Textstellen?

Kernthemen Die zentralen Aussagen und Argumente im Text	**„Verpackung"** Textstellen, die der Didaktik und Veranschaulichung dienen
Fazit/Zusammenfassung	Beispiele
Einleitung	Zitate anderer Autoren
Abstract	Wiederholungen
Schlüsselwörter am Textrand	Rahmenhandlung
Überschriften	Unterhaltungselemente
Klappentext	Kontrollfragen
Bilder/Grafiken/Tabellen	Literaturdiskussion, Aufzählung fremder Standpunkte

2. Leseschicht: Texte verstehen

Nun suchen wir tieferes Verständnis. Dabei zählt nicht, *wie* etwas gesagt wurde, sondern *was* gesagt wurde. Unser Gehirn speichert keine konkreten Begriffe, sondern Propositionen – Bedeutungsfragmente, aus denen es hinterher wieder eine Geschichte rekonstruiert. Sicher geht es dir manchmal so, dass du einen tollen Spruch im Kino hörst, hinterher kannst du ihn aber nur noch sinngemäß nacherzählen.

 Klebe nicht an Formulierungen, sondern überlege, was damit gemeint ist.

Zudem folgt die Sprache linguistischen Gesetzmäßigkeiten: Eine Sinneinheit wird in einer Wortgruppe kodiert, eine Aussage in einem Satz. Beim Schreiben ist das ähnlich. Es gilt die Schreibregel:

> **Ein Satz = ein Gedanke.** Wenn in einem Satz mehrere Gedanken enthalten sind (durch Neben- und Schachtelsätze), wird das Verständnis erschwert.

> **Ein Absatz = ein Gedankengang.** Ein Absatz beginnt meist mit einer Aussage, die dann mit Aufzählungen, Argumenten, Beispielen, Statistiken, Fakten oder Überlegungen untermauert wird. Beginnt ein abweichender Gedankengang, folgt ein neuer Absatz oder dieser wird klar durch ein Einleitungswort wie „jedoch", „einerseits... anderseits", „aber" etc. gekennzeichnet.

Das zentrale Element zum Verständnis ist deswegen der Absatz. Kannst du nachvollziehen, was die Kerninformation ist, die in diesem Absatz steckt? Trenne diese von den konkreten Worten, formuliere sie in deinem Kopf neu, bringe sie prägnant in deiner Sprache auf den Punkt.

Die erste Hürde

Wir müssen uns von den einzelnen Worten, den „Daten", lösen und diese zu einer „Information" umformen. Oft bleibt dabei pro Absatz nur eine zentrale Aussage bzw. Argument übrig. Durch die Verdichtung zu Informationen wird auch die Menge reduziert.

3. Leseschicht: Texte verarbeiten

Im nächsten Schritt werden die Informationseinheiten weiter zusammengetragen, in Gruppen gebündelt, sortiert und voneinander abgegrenzt. Es entsteht ein strukturiertes Bild des Inhalts in deinem Kopf bzw. noch besser in Form einer Strukturkarte (→ Kapitel 4).

Schließe einen Leseschritt immer mit einem „**persönlichen Fazit**" ab – das sind wenige Sätze zu dem, was im Text steht, und was du für dich daraus gezogen hast (siehe auch S. 182). Es ist eine höhere Form des Wissens, ein Standpunkt, den du selbst gebildet hast. Schreibe dieses Fazit auf die erste Seite des Textes, dann hast du beim wiederholten Lesen sofort einen Anschluss. Sonst ist dieser schöne Aha-Effekt bereits nach wenigen Tagen weg.

Schwere Texte enttarnt

Der Sprachgebrauch ändert sich in der Fachsprache: Es wird nicht alles teurer, sondern „inflationiert". Du borgst dir nicht einfach Geld, sondern wirst „Kreditor". Du schaust nicht nur in den Geldbeutel, was du dir leisten kannst, sondern ziehst eine „Bilanz". Dieser andere Sprachgebrauch erschwert das Verständnis. Deswegen musst du den Text zurückübersetzen. In deinem Kopf ist von nun an ein innerer Dolmetscher damit beschäftigt, das Autorendeutsch in deine Sprache zu übersetzen. Unterscheide dafür Fach- von Fremdwörtern:

Gewisse **Fachwörter** braucht jeder Text. Ein Fachwort bezeichnet ein klar definiertes Konzept und meint so eine ganze Reihe von Dingen, bei denen es eine „deutsche" Entsprechung nicht 1:1 gibt. Je mehr Hintergrundinformationen du kennst, desto leichter ist das Verständnis. Das Beste, was wir tun können, ist, Fachwörter zu klären und eine kleine „Vokabelliste" anzufertigen und beim Lesen neben den Text zu legen.

Fremdwörter sind hingegen Verständnisräuber, die enttarnt werden müssen. Es sind formeller und „wissenschaftlicher" klingende Worte, für die es auch ein einfacheres deutsches Wort gibt, z. B. „ergründen" statt „elaborieren", „nachdenken" statt „sinnieren" oder „verschieben" statt „aufsparen".

Der innere Dolmetscher in Aktion

Versuchen wir uns an einer Definition der „**Kognitiven Dissonanz**":

> *„Begriff der psychologischen Theorie über die Verarbeitung relevanter Informationen nach einer Entscheidung. Die Theorie geht von dem Sachverhalt aus, dass gelegentlich Informationen ausgewählt werden, die eine getroffene Entscheidung als richtig erscheinen lassen, während gegenteilige Informationen abgewehrt oder nicht beachtet werden. Dissonanz heißt sowohl die Nichtübereinstimmung bzw. Unvereinbarkeit zwischen verschiedenen Wahrnehmungen,*

Meinungen oder Verhaltensweisen als auch die daraus abgeleitete Spannung (z. B. ein Unlustgefühl). Gemäß der Theorie der kognitiven Dissonanz besteht im Individuum eine starke Tendenz (eine Motivation), nicht miteinander übereinstimmende kognitive Elemente zu vermeiden, das heißt, die erlebte kognitive Dissonanz zu reduzieren."

Uh, da nimmt es aber einer genau! Lass uns den Brocken auseinandernehmen:

Original	(Studenten)deutsch
Begriff der psychologischen Theorie über die Verarbeitung relevanter Informationen nach einer Entscheidung	Wenn wir Psychologie studieren, wissen wir, dass der Begriff zur Psychologie gehört …
Die Theorie geht von dem Sachverhalt aus, dass gelegentlich Informationen ausgewählt werden, die eine getroffene Entscheidung als richtig erscheinen lassen, während gegenteilige Informationen abgewehrt oder nicht beachtet werden.	„geht von dem Sachverhalt aus" – klingt toll, oder? Sagt aber gar nicht. Es sollte heißen: „geht **davon** aus". Satz meint: „Man redet sich Entscheidungen gern schön."
Dissonanz heißt sowohl die Nichtübereinstimmung bzw. Unvereinbarkeit zwischen verschiedenen Wahrnehmungen, Meinungen oder Verhaltensweisen als auch die daraus abgeleitete Spannung (z. B. ein Unlustgefühl).	Satz will sagen: „Man hat einen Gedankenkonflikt, ein Störgefühl oder schlechtes Gewissen."
Gemäß der Theorie der kognitiven Dissonanz besteht im Individuum eine starke Tendenz (eine Motivation), nicht miteinander übereinstimmende kognitive Elemente zu vermeiden, das heißt, die erlebte kognitive Dissonanz zu reduzieren.	Boh – nö! Will wohl sagen: „Man versucht, das Störgefühl zu meiden."

Wir sehen: Der größte Teil der Definition ist reines Sperrgut. Kognitive Dissonanz hingegen ist ein Fachwort, das einen gedanklichen Konflikt beschreibt. Ich habe z. B. ein Produkt gekauft und bin nicht zufrieden. Die Folge: Entweder ich gebe es zurück oder ich rede mir ein, dass es doch bei dem Preis gar nicht so schlecht sein kann. (Denk an deine letzten gekauften Schuhe.) In beiden Fällen wird der Konflikt beseitigt.

Neben der Vereinfachung ist die **Analyse** und die Klärung von Fremdwörtern ein zweiter Weg, schwierige Sätze zu enträtseln. Nehmen wir ein Beispiel aus der Biologie:

> *„Der Hypothalamus sorgt für die Homöostase des inneren Milieus und dient der Regulation der zirkadianen Rhythmik!"*

Wir folgen hier drei Schritten:

Schritt 1. Fremdwörter entschärfen (durch Googeln).
„Der Hypothalamus (Teil des Gehirns) sorgt für die Homöostase (Gleichverteilung) des inneren Milieus (‚Raumklima') und dient der Regulation der zirkadianen Rhythmik (täglicher Rhythmus)."

Schritt 2. Mit eigenen Worten formulieren.
Der Teil des Gehirns, den man Hypothalamus nennt, sorgt für ein angenehmes, gleichmäßiges Zellklima und reguliert die Körperfunktionen.

Schritt 3. Rückschluss auf das Original.
Habe ich mir die Definition, Formel oder den Text mit eigenen Worten erklärt, kann ich nun die Fachwörter oder Formelzeichen wieder einfügen. Der verstandene Sinn schafft die Struktur, die nun wieder ausdifferenziert werden kann.

Im Extremfall hilft es, hinter jeden Absatz oder Satz auf Deutsch hinzuschreiben, was er bedeuten soll. Mühsam, aber wirkungsvoll.

Zusammenfassung
So geht eine Power-Lese-Session

Dies ist eine Anleitung, wie du aus diesem und allen anderen Büchern in möglichst kurzer Zeit den größten Nutzen ziehst. Wie gesagt, brauchen wir mehrere Leserunden. Hier empfehlen sich vier Schritte:

1. **Überblick verschaffen.** Blättere zunächst ganz locker durch die Seiten und lies die Überschriften, betrachte die Bilder, Tabellen und Zusammenfassungen, um die Struktur und die Kernaussagen des Buches zu erfassen. Diese erste Sichtung sollte nicht länger als fünf Minuten dauern.

2. **Struktur erarbeiten.** Nun geht es von vorn einmal durch den kompletten Text. Lies je nach Interesse in einzelne Passagen rein, blättere aber zügig weiter. Überlege, welche Teile des Buches für dein derzeitiges Problem am wichtigsten sind und bestimme, welche Teile du gar nicht zu lesen brauchst. Dieser Schritt sollte um die 15 bis 30 Minuten in Anspruch nehmen.

3. **Selektiv und bewusst lesen.** Durch Schritt 1 und 2 hast du einige Anknüpfungspunkte und Zusammenhänge erfasst. Gut so! Das spart wertvolle Zeit. Nun brauchst du nur die wirklich zentralen Stellen zu lesen. Weil du vieles vorher ausgeklammert hast, hast du nun Zeit, wirklich über die Bedeutung der wenigen Passagen nachzudenken. Markiere Wichtiges für deine Zusammenfassung. Zeit: 25 bis 45 Minuten.

4. **Wissen sofort anwenden.** Fasse das Buch nun auf einer A4-Seite knapp zusammen, male eine Mindmap. Schreibe alle Fakten auf, an die du dich noch erinnern kannst. Fertige eine To-do-Liste an oder vermittle die Inhalte einem (imaginären) Gesprächspartner. Richtzeit: 15 Minuten.

4
Die nächste Disziplin

Strukturiere

Ohne ein Skelett würde unser Körper in sich zusammenfallen. Auch Informationen brauchen ein Gerüst, in das sie einsortiert werden können. Dieses Gerüst bauen wir mithilfe einer Struktur. Die Visualisierung der inneren Zusammenhänge bringt die eindimensionale Ebene von Informationen in eine räumliche Ordnung. Sie lässt auf einen Blick erkennen, wie die verschiedenen Aspekte des Lernstoffs zueinander stehen.

Zentrale Fragen

· Wie kann ich die Komplexität des Stoffes abbilden?
· Wie verstehe ich innere Zusammenhänge leichter?
· Wie kann ich meine Notizen verbessern?

Wie lerne ich 128 Vokabeln in 3 Runden?

Strukturierung = Effizienz

Die Organisation von Infos in Gruppen und die Zuordnung zu Oberkategorien verbessert die Gedächtnisleistung enorm. Dies bestätigt eindrucksvoll eine Studie: Studierende sollten eine Liste mit 128 Mineralien auswendig lernen, wobei nach dem ersten Durchgang nur 18 Prozent der Begriffe erinnert wurden. In einer zweiten Versuchsgruppe wurden die Mineralien nach ihrer Zugehörigkeit in Gruppen sortiert, z. B. „Edelmetalle" (Gold, Silber, Platinum), „Industriemetalle" (Aluminium, Kupfer, Blei) oder „Edelsteine" (Diamanten, Saphir, Rubin).

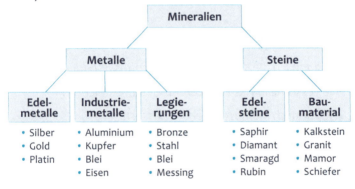

Derart übersichtlich strukturiert wurden hier bereits beim ersten Versuch 65 Prozent der Metalle erinnert. Während die „unstrukturierte" Gruppe nach vier Durchgängen 63 Prozent der Wörter erinnerte, konnten sich in der strukturierten Darbietung die Studierenden bereits nach dem dritten Versuch an *alle* Mineralien erinnern. Durch das Sortieren wurden die einzelnen Vokabeln verglichen, in Gruppen eingeteilt und von anderen abgegrenzt. Dabei musste man über die Bedeutung der Wörter nachdenken und Querverbindungen herstellen. Die Verarbeitung wurde intensiviert und Komplexität reduziert.

Kategorisierung ist ein Grundprinzip des Gehirns

In einem anderen Experiment gab man Probanden Listen mit 60 Wörtern, die in beliebiger Reihenfolge wiedergegeben werden sollten. Dabei kamen in zufälliger Reihenfolge je 15 Wörter aus den Kategorien „Tiere", „Personennamen", „Gemüse" und „Berufe" vor. Auch hier zeigte sich die Tendenz, die Begriffe klassifiziert wiederzugeben, z. B. „Hund, Katze, Kuh… Apfel, Birne, Banane… John, Bob, Monica". Unser Gehirn vernetzt also automatisch gleichartige Informationen.

Wir sollten diese Kategorisierung unterstützen! Es gibt eben einen bedeutenden Unterschied:

⇨ Beim **mechanischen Lernen** werden Informationen lediglich wiederholt. Das ist zunächst weniger aufwendig. Die Infos werden nicht gut kodiert, die Speicherung ist fehleranfällig. Was wir zunächst an Zeit durch Bequemlichkeit sparen, rächt sich in der Summe der Wiederholungen.

⇨ Beim **strukturierten Lernen** erfolgt eine eingehende Analyse der Informationen. Anfangs ist das aufwendiger, spart aber am Ende viel Zeit. Zusammenhänge werden deutlich – das reduziert die Komplexität des Stoffes. Die optische Trennung von Informationseinheiten und der gute Überblick reduzieren die Unsicherheit und das Wissen wird „fester". Das entstandene Wissen kann besser abstrahiert und auf neue Situationen angewandt werden.

Gedanken erkunden mit Mindmaps

Bei einer Mindmap wird mit einer Baumstruktur gearbeitet, wobei wir den Baumstamm durchgesägt aus der Vogelperspektive betrachten. Das Thema steht in der Mitte und von dort gehen beliebig viele Äste und Zweige ab, in denen die Unterpunkte mit bunten Farben und Schlüsselbildern ergänzt werden.

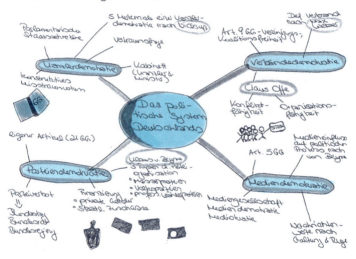

Das Zeichnen einer Mindmaps ist leicht und folgt klaren Regeln:

1. Unterteile das Thema in wichtige Unterpunkte.

2. Ergänze diese durch Details – ausgedrückt in Schlüsselwörtern.

3. Finde mindestens drei kleine Bildchen. Sie helfen beim Erinnern.

4. Arbeite mit mindestens zwei verschiedenen Farben.

5. Rahme Informationsblöcke ein, um sie klar abzugrenzen.

Übung: Nimm ein aktuelles Thema. Untergliedere und visualisiere es nach diesen fünf Schritten.

Mindmaps eignen sich super ...

⇨ für einen **ersten Entwurf** der eigenen Gedanken. Man schreibt drauflos und gliedert gleichzeitig. Es ist ein strukturiertes Brainstorming. Dabei entdeckt man einige Zusammenhänge, organisiert die Fakten zu Clustern und kann sich einen guten Überblick verschaffen.

⇨ zum Verknüpfen und Speichern **bekannter Inhalte**. Es ist eine sehr aktive und ansprechende Form der Wiederholung.

⇨ um den **Überblick** zurückzuerobern. Arbeite das Global Picture heraus, wenn du in Details zu versinken drohst oder um vor der Prüfung die Komplexität zu reduzieren.

... doch haben ihre Grenzen

In vielen Büchern als Nonplusultra des Lernens gepriesen, sind Mindmaps nur *eine* Methode, die von ihrem Urheber in England stark beworben wurde. Bei uns wurde die Methode unhinterfragt übernommen. Gefährlich! Ich habe Mindmaps an verschiedenen Klausuren getestet: Positiv ist, dass sich Gedanken schnell und flexibel umsortieren lassen – allerdings nur, wenn man es mit dem Computer erstellt. Das dauert aber länger als mit der Hand und ist weniger kreativ. Ebenso fand ich die unmittelbare Prüfungsvorbereitung mit Mindmaps eher verwirrend. Und meistens stehen Konzepte im Spannungsverhältnis: Es gibt Widersprüche, Überlappungen, rivalisierende Ideen und Ansätze. Diese müssen gegenübergestellt werden. Dafür sind Mindmaps zu einfach gestrickt. Die Grundidee, Infos grafisch aufzubereiten und das kreative Potenzial des Gehirns auszunutzen, ist dennoch richtig. Nur brauchen wir eine Methode, welche die Komplexität des Stoffs adäquat und gleichzeitig übersichtlich abzumildern vermag. Wir brauchen keine Karte unseres Geistes, sondern des Lernstoffs. Ich möchte daher Mindmaps weiterentwickeln und bezeichne meine Methode in schnörkellosem Deutsch als „Strukturkarten".

Komplexität spiegeln mit Strukturkarten

Strukturkarten sollen die Komplexität eines Themas einfach darstellen. Sie verdeutlichen wesentliche Gemeinsamkeiten, Abgrenzungen, Hierarchien und die logische Abfolge von Kernaussagen und Argumenten. Sie sind ideal für die Erarbeitung des Global Pictures von Texten und Vorlesungen. Die innere Struktur eines Themas wird auf dem Papier sichtbar gemacht. Sie kann so leichter nachvollzogen, ergänzt und geändert werden.

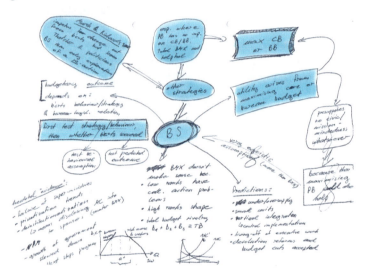

In der Textzusammenfassung oben erkennt man gut die inneren Beziehungen und Abhängigkeiten des Themas. Wichtige Infoblöcke wurden optisch zusammengefasst bzw. eingerahmt und so von anderen Fakten klar getrennt. Die einzelnen Punkte und Argumente sind durch Pfeile in eine logische Beziehung gebracht worden: Einige Elemente wirken nur in einer Richtung aufeinander oder sind die Folge einer anderen Voraussetzung.

Wie funktioniert eine Strukturkarte?

1. Beginne in der Mitte bzw. oben links mit einem **Thema**. Es können auch konkurrierende Theorien auf je einer Seite des Blattes stehen.

2. Welche **Voraussetzungen**, Grundannahmen und Prämissen gibt es?

3. Sammle Daten, Infos, Elemente des **Global Pictures**. Beantworte die Fragen des „Was?, Warum?, Wie?, Wo?" etc.

4. **Ordne** die Dinge nach gemeinsamen Merkmalen, grenze Teilaspekte ab. Verdeutliche **Wechselbeziehungen.** Wie beeinflussen sich die Aspekte gegenseitig?

5. Was ist Voraussetzung für A? Was kommt zeitlich nachgelagert? Was folgt aus A? Bilde **Hierarchien** oder **Reihenfolgen**: Kannst du ein Schema aufstellen? Eine Struktur, Prüfschritte oder ähnliches zeichnen?

6. Gibt es **neue Erkenntnisse** aus dieser Aufbereitung? Halte auch diese Gedanken fest!

7. Ergänze **Bilder, Farben,** rahme Zusammengehöriges ein. Markiere zentrale Fachbegriffe, fette die Oberkategorien. Die Hierarchie und die wesentlichen Beziehungen sollten aus einem Meter Entfernung erkennbar sein (z. B. wenn es an deiner Pinnwand hängt).

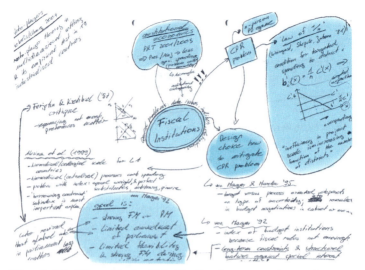

Hier wird die Hierarchie deutlich: Die Einrahmungen oben wirken z. B. wichtiger als die Spiegelstrichlisten im unteren Bereich.

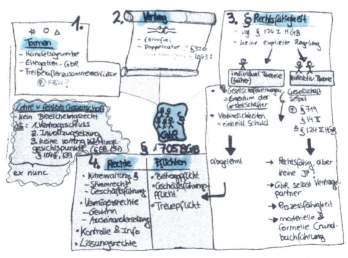

Hier werden Voraussetzungen, Rechte und Pflichten aus einem Paragrafen visualisiert.

Dein Baumaterial

Finde eine logische Gliederung und passende Teilbereiche. Versieh diese mit deutlichen Überschriften, nutze verschiedene Farben, verdeutliche Schlagworte und nutze kleine Symbole:

Σ Zusammenfassungen

⇨   Fazit

⤵   folgt aus

↔   vs. | Gegenteil | Abgrenzung | Widerspruch

↻   Wiederholung

??   unklar

| || | wichtig || sehr wichtig

▶   Definition

▰   Beispiel

⬭   Versuch, Experiment (Kreis mit Auge)

!   merken

✳   Anmerkungen

dd   (später in Ruhe) durchdenken

ds   (mit Lerngruppe) durchsprechen

}   zusammenfassende Klammern bilden

⋉   Dinge wegstreichen / durchstreichen

1. 2. 3.   Argumentationsstruktur verdeutlichen

Clever notieren und mitschreiben

Hast du ein klares System, wie du deine Notizen lernförderlich gestaltest? Manche schreiben zu wenig, andere zu viel. Die richtige Mischung zu finden fällt schwer. Kein Wunder, eine Vorlesung überfrachtet leicht unsere Kapazitäten: Man muss gleichzeitig zuhören, sich aufs Schreiben konzentrieren und soll dann auch noch gewichten? Nicht einfach. Viele Mitschriften werden zudem schnell unübersichtlich. Das Problem sind nicht die Details oder die Stoffmenge, vielmehr die fehlende Struktur. Im Laufe meiner Studienjahre habe ich ein Notizsystem gefunden und weiterentwickelt, das alle lernpsychologisch-wichtigen Aspekte vereint: Es bietet Struktur, Assoziation, Reduktion auf Wesentliches, Integration für Wissen und Platz für Kreativität:

Die „Kopfzeile" erleichtert die Erinnerung

Hier ist Platz für Rahmendaten: Thema des Seminars, Unterthema der Vorlesung, Datum, Uhrzeit und Dozentenname verstehen sich von selbst. Darüber hinaus bietet sich rechts oben eine Skizze an: Wo sitzt du? Wer sitzt neben dir? Notiere Befindlichkeiten (bist du gut gelaunt, müde, stinkig?) und direkt vorher Erlebtes. Vielleicht gibt es eine Besonderheit an diesem Tag? Ein wichtiger Anruf? Ein Versprecher des Dozenten? Diese Hinweise werden zusammen mit der Vorlesung gespeichert und helfen später bei der Erinnerung. Probier es aus!

Dies ist auch ein **Gedankenparkplatz.** Notiere Dinge, die in der Vorlesung „außen vor" bleiben sollten: der Streit mit dem Partner, der Strafzettel, ein Problem, über das du grübelst. Das signalisiert dem Gehirn: Diese Sache wird nicht vergessen – aber jetzt konzentrieren wir uns. Hilfreich sind auch **konkrete Fragen.** Sie erzeugen einen Sog im Kopf. Notiere, wenn du magst, eine „Höraufgabe" für die Stunde: „Was löste die Französische Revolution aus?"/„Was genau passiert bei der Kernspaltung?" So weit zur Einstimmung. Nun kann es losgehen. Für die laufende Mitschrift ist der mittlere Teil des Blattes reserviert:

Name Dozent Kontraktdaten Sprechzeiten	**Heutiges Thema**	Gedankenparkplatz
Aspekt A	• Laufende Notizen • ———————— • ———————— • ———————— • ———————— • ————————	} Fazit, Kernaussage
Aspekt B ↳ These 1 ↳ These 2	• ———————— • ———————— • ———————— • ———————— ———————— ————————	💡 Aha-Effekt <u>To Do's</u> ☑ ——— ☐ ——— ☐ ——— ☐ ———
Aspekt C		Faktor 1 Faktor 2 [4] Faktor 3 Faktor 4
📖	Kognitive Dissonanz → nachschlagen! www.studienstrategie.de	

Der „Notizblock" ist für die Mitschrift reserviert

Hier ist Platz für alle Argumente, Beispiele, Fakten, Statistiken, Schaubilder, Graphen und Tabellen. Es wird geraten, nicht jedes Wort mitzuschreiben und sich auf Kernaussagen zu fokussieren. So würde man lernen, Wichtiges von Unwichtigem zu unterscheiden. Prinzipiell nachvollziehbar, doch ich habe andere Erfahrungen gemacht: Notiert man nur Hauptaussagen, hat man in der Lernphase ziemlich wertlose Mitschriften, denn Hauptaussagen werden meist so oft diskutiert und wiederholt, dass sie schnell offensichtlich werden. Schreibe lieber etwas mehr mit und bearbeite die reichhaltigen Mitschriften später durch Streichen, Ergänzen, Markieren und Zusammenfassen. Klar darfst du besonders gute Formulierungen als Zitate mitschreiben. In der Regel sollten jedoch Stichpunkte oder „Stichsätze" reichen. Hilfreich sind Abkürzungen für häufige Wörter (KD = kognitive Dissonanz, PK = Postkolonialismus) und Symbole.

Beginnt ein neues Thema, ziehe zwischen die Themenblöcke einen **Trennstrich** oder beginne gleich eine **neue Seite**, um den Übergang zu kennzeichnen. Das hilft, Sinnzusammenhänge zu trennen und in Happen aufzuteilen.

Der „Struktur-Teil" gibt Orientierung

Auf der linken Seite gibt es eine 3–4 cm breite Spalte. Sie ist reserviert für Unterüberschriften oder zentrale Fragen. Indem du diese nicht über, sondern vor die Notizen stellst, generierst du ein **Inhaltsverzeichnis** und kannst die Gliederung schnell nachvollziehen. Manchmal wird dir die Struktur in der Vorlesung nicht vollkommen klar sein. Das macht nichts, konzentriere dich voll aufs Mitschreiben, denn nun hast du ja links Platz, um die Struktur hinterher nachzuarbeiten.

Die „persönliche Zone" ist für eigene Gedanken

Oft ist das, was durch die Worte an Gedanken ausgelöst wird, wertvoller als die Worte selbst. Das ist persönliches und weitergedachtes

Wissen. Neurologisch haben sich gerade zwei unverbundene Gedächtnisteile zusammengeschlossen; eine neue Verbindung ist geboren worden (ist das nicht romantisch?). Diese muss nicht von Dauer sein – halte sie deswegen sofort fest! Notiere **Gedanken**, Aha-Effekte und Anwendungsbeispiele. Vielleicht kannst du die besprochene Theorie auf dein Praktikum oder den Alltag beziehen?

Auch zur **Nachbereitung** ist der freie Platz perfekt: Verdichte die Notizen der einzelnen Unteraspekte zu einer Kernaussage. Was ist dein Fazit? Ziehe eine dicke Klammer und schreibe es auf! Das ist eine wertvolle Verdichtung von „Daten" zu „Informationen" und schafft letztlich „Wissen". Es ist ein kleines Global Picture: Denn hast du dieses Fazit einmal im Kopf, kannst du die einzelnen Argumente leicht wieder ableiten. Ergänze Skizzen, kleine Bilder oder Mini-Strukturkarten, um dich leichter an die trockene Theorie zu erinnern.

Die Fußzeile wird zum Lexikon

In der Fußzeile ist Platz für alle Dinge, die nachbereitet werden müssen: Erstelle eine Vokabelliste an Fach- und Fremdwörtern, die unklar geblieben sind und das Verständnis erschwert haben. Diese würden dich auch in Zukunft hindern, deswegen solltest du sie nach der Vorlesung klären.

Nach dem Vortrag ist vor dem Vortrag

Du siehst, man kann aus einem Notizblock einiges zaubern. Schaffe dir ein System, das für dich funktioniert. Der Hauptzweck liegt darin, dass man hinterher Dinge flink ergänzen und den Stoff übersichtlich aufbereiten kann, ohne alles abzuschreiben. Vollziehe die Struktur noch einmal nach, ergänze Überschriften links, ziehe Trennstriche. Hebe mit Textmarkern Wesentliches im Notizteil hervor. Einzelne Fakten sind wie ein Sumpf: Je länger sie nicht angeschaut werden, desto tiefer sinken die wertvollen Querverbindungen in die Untiefen des Gedächtnisses. Fasse deswegen unbedingt Wesentliches noch einmal in eigene Worte oder skizziere die Zusammenhänge.

Aufbereiten von Notizen und Skripten

Bestehende Mitschriften und Skripte lassen sich durch Farben, Eingrenzungen, Abgrenzungen, Oberkategorien, Überschriften, Zwischenfazits und Reorganisation strukturieren und reduzieren:

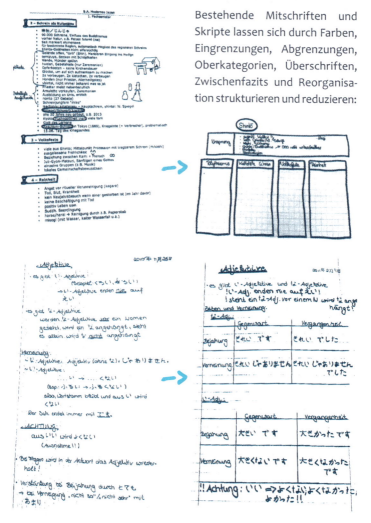

Links sehen wir jeweils lineare Mitschriften mit vielen Fakten und Aufzählungen. Das sind nur schwach strukturierte Informationen. Rechts werden die Fakten jeweils in eine neue Ordnung gebracht. Die Hierarchie wird verdeutlicht und man erhält ein klareres Bild im Kopf.

Links oben siehst du wieder eine nur schwer einprägbare Mitschrift, denn jede Seite sieht gleich aus. Gewichtungen und Querverbindungen fehlen. Rechts wurde drüber gearbeitet, Zusammenhänge und Wichtiges hervorgehoben. Am Ende entschied die Studentin, dass eine Tabelle übersichtlicher ist und ordnete die Informationen neu (unten). Eine andere Kommilitonin konnte durch Streichen von irrelvanten Details und Zusammenfassen von ähnlichen Aussagen ihre Mitschrift von 20 auf acht Seiten reduzieren und fühlte sich mit dem gewonnenen Durchblick deutlich wohler.

Übung: Reduziere deine Mitschriften

Nimm eine **Mitschrift** und reduziere sie um die Hälfte: Wenn du z. B. 30 Seiten Mitschrift hast, streiche, strukturiere, verbinde, kürze sie auf 15 Seiten:

1. Hebe wichtige Aussagen mit dem Textmarker hervor.

2. Streiche Triviales, Exkurse, nebensächliche Details.

3. Zieh Trennstriche zwischen den Themen.

4. Schreibe persönliche Gedanken, Anwendungsbeispiele und Fazits entweder in die persönliche Zone rechts oder auf ein extra Blatt bzw. eine Mindmap.

5. Unterstütze die Aussagen und Themenblöcke mit Skizzen, Diagrammen und Bildern, wo es angebracht ist.

Die Strukturierung von Informationen geht einher mit der Reduktion des Lernstoffs auf wesentliche Aussagen und Zusammenhänge. In diesem Lernschritt steht die **Erarbeitung** im Vordergrund. In Kapitel 7 geht es dann um die **Verdichtung** bereits verstandener Inhalte, um sie möglichst kompakt für die Prüfung aufzubereiten.

⭐ **„Durch diese Reduktion schaffte ich es,
meine 10–15 Seiten Zusammenfassung pro Kapitel
auf zwei bis fünf Seiten zu minimieren."**
Vanessa, Soziologin

Fazit

Lernen mit Zoom

Durch das Strukturieren arbeiten wir Details immer wieder in das darüber liegende Global Picture ein, das sich durch die neuen Informationen laufend verändert. Beim Lernen ist **geistige Flexibilität** gefragt. Vogel- und Froschperspektive wechseln sich ab. Es ist ein laufendes Rein- und Rauszoomen, das der Orientierung im Gelände ähnelt. Suchen wir mal mein Geburtshaus …

⇨ Du gibst „Weststraße Lauchhammer" in Google Maps ein und bist vollkommen orientierungslos, denn Google schickt dich direkt in den Stadtplan.

⇨ Diese detaillierte Ansicht ist verwirrend, da du noch nie von dem Ort gehört hast. Deswegen zoomst du so lange aus der Karte heraus, bis du Anknüpfungspunkte zu deinem Vorwissen findest: Du siehst die Deutschlandkarte und siehst, dass der Ort weit östlich liegt.

⇨ Du zoomst wieder hinein und erkennst, dass Dresden im Süden und Cottbus im Nordosten sind.

⇨ Jetzt erst bist du bereit, das Detail – die konkrete Adresse – örtlich zu verankern. Du gibst den Straßennamen ein, aber wieder katapultiert dich Google zu weit ins Detail.

⇨ Du zoomst abermals heraus und siehst: Die Straße liegt recht zentral, in der Nähe der Kirche. Schließlich bist du bereit für die „Satellitenansicht" und suchst nach möglichen Parkflächen in der Umgebung.

Dein Zoom beim Lernen sind die W-Fragen des Global Pictures, die Mindmaps bzw. Strukturkarten. Arbeite immer wieder mit grafischen Übersichten, um Details einordnen zu können. Sie sind deine Landkarten durch das Stoffgebiet!

5
Der Gedankenwettstreit

Verbalisiere

Durch Mindmaps, Strukturkarten und das Aufbereiten unser Notizen haben wir die inneren Zusammenhänge eines Themas erarbeitet. Dieses Wissen nützt leider nichts, wenn wir es nicht anwenden und kommunizieren können. Darin liegt die wahre Herausforderung: das, was man gelernt hat, elegant und präzise zur Sprache zu bringen.

Zentrale Fragen

· Warum ist Verbalisieren so wichtig?
· Wie kann ich meine Gedanken weiterentwickeln?
· Wie gestalte ich Lerngruppen effizient?
· Warum hilft schreiben beim Denken?

Warum fällt es so schwer, die passenden Worte zu finden?

Kennst du das? Du hast beim Lesen das Gefühl, alles gut zu verstehen, fliegst über die Zeilen, kannst der Argumentationslinie folgen und denkst: „klingt alles logisch". Später möchtest du es einer Freundin erklären und stockst plötzlich: Womit soll ich anfangen? Berichte ich chronologisch oder beginne ich mit den Beispielen? Auch beim Lernen paukst du Fakten und meinst, du hättest sie verstanden. Doch dann überkommt dich in der Prüfung ein Anflug von Panik: Wie formuliere ich die Gedanken? Was muss ich zuerst erklären, was später? Du verlierst Zeit. Andere wiederholen sich ständig, ohne was Konkretes zu sagen.

 Etwas zu verstehen und etwas erklären zu können ist nicht dasselbe.

Unser Wissen ist in keiner fertigen Struktur im Kopf gespeichert. Es ist assoziativ, vernetzt, multidimensional. Unser Gehirn gleicht einem dreidimensionalen Spinnennetz, in dem Gedanken durch elektrische Impulse entstehen. Das Wissen ist in keiner festen Form vorhanden. Die Informationen sind in verschiedenen Teilen des Gehirns abgelegt, die erst durch den Prozess des Denkens immer wieder neu produziert werden. Man kann sich das wie ein Wollknäuel vorstellen, bei dem viele Fäden verwickelt sind. Wenn wir das Wissen jemandem erklären sollen, dann kann der mit dem Wirrwarr nicht viel anfangen.

Der Gedankenwettstreit

Das Wollknäuel muss erst auseinandergefrickelt werden. Und so muss man, wenn man etwas verbalisiert, die Dinge ordnen, priorisieren und aus der Sicht des anderen darstellen. Wissen wird durch das Sprechen reorganisiert und gleichsam gefestigt.

Zudem ist unsere Gedankenwelt bunt gemischt: Es gibt Träume, innere Bilder, Bewegungsvorstellungen, Töne, vorbewusste Gedanken. All das kann man nur schwer in Worte fassen. Warum gibt es Kunst und Musik? Weil wir Dinge wie Emotionen, Liebe, Trauer nicht so recht in Worte fassen können. Manchmal liegt uns etwas „auf der Zunge", aber wir kommen einfach nicht drauf. Genau das ist der Zustand des Vor-Wissens. Solange es nicht rauskommt, ist es nicht abrufbar. Wenn wir sprechen oder schreiben, müssen wir all diese Gedankenformen in Wörter und Sätze übertragen.

Dieser Übersetzungsprozess ist oft langsam und schwerfällig. Zu langsam, um es im Zeitdruck der Prüfung sofort präzise zu schaffen. Deswegen bekommt dein innerer Dolmetscher einen weiteren Job: deine Gedanken in eine klare, vermittelbare Sprache zu kleiden. Häufig gilt nämlich folgendes Zitat:

⭐ **Wie soll ich wissen, was ich denke,**
bevor ich gehört habe, was ich sage?

Der Konkretisierungs-Effekt beim Sprechen

⇨ Die **Intensität** des Denkens nimmt zu. Beim Durchsprechen müssen wir Gedanken ordnen und mit konkreten Begriffen versehen. Damit werden Sie griffiger – die lose Form des Wissens wird in eine festere überführt.

⇨ Wir erhalten **Input und Feedback**.

⇨ Durch das Sprechen werden Inhalte in eine **Reihenfolge** gebracht. So werden Gedächtnisinhalte sortiert und strukturiert. Lücken in der Gedankenkette treten zutage.

⇨ Den **Aha-Effekt** kennt jeder: Man lernt und lernt und plötzlich fällt es einem beim Reden wie Schuppen von den Augen: So ist das also! Darum funktioniert es! Da wurden plötzlich zwei einzelne Konzepte im Kopf durch den Gesprächsfaden verbunden.

⇨ Weil wir beim Durchsprechen mehr Energie und **Konzentration** aufbringen, brennt sich das Gesagte intensiver ins Gehirn ein. Du wirst sicherer, flexibler, kritikresistenter und trittst in Prüfungen souveräner auf.

„Lass uns darüber reden, Schatz!"

Kläre deine Gedanken, berichte spannende Erkenntnisse, halte Probevorträge vor Eltern, Geschwistern, Freunden. Wer viel mit anderen spricht, dem fällt das Formulieren eigener Gedanken auch im Unterricht oder in der Prüfung leichter. Zudem sinkt die Hemmschwelle, überhaupt etwas zu sagen.

Traue dich, das, was du denkst, laut mitzuteilen! Schüchternheit ist beim Lernen fehl am Platz. Die wenigsten Fragen sind unpassend, nur keiner traut sich. Hab Mut, es lohnt sich. Stelle Rückfragen, bitte um die Klärung von Details:

⇨ „Habe ich richtig verstanden, dass X aus Y folgt?"

⇨ „Was bedeutet Theorie A in Anwendung auf B?"

⇨ „Können Sie die beiden Epochen noch einmal voneinander abgrenzen?"

Ein netter Nebeneffekt für Schüler: Das zählt mit in die mündliche Note!

Einsamkeit genießt man am besten zu dritt: Lerngruppen

Viele meiden Lerngruppen, weil sie diese als ineffizient oder zäh erleben. Ein Fehler. Das Wissen, das nur zwischen unseren Ohren schwebt, ist zu unsicher. Klar bedeuten Lerngruppen mehr Aufwand. Natürlich schaffe ich allein am Schreibtisch mehr Seiten zu lesen, mehr Wiederholungen. Doch nur dann, wenn ich das Wissen wirklich anwenden und es kommunizieren kann, nützt es mir.

Arbeitsgruppen haben zudem eine wichtige Motivationsfunktion: Man erkennt, dass man mit seinen Fragen und Problemen nicht allein ist. Sind die anderen genauso planlos, geht es mir gleich besser! Auch wird deine Selbstdisziplin gestärkt, denn das regelmäßige Treffen animiert zum Dranbleiben. An schlechten Tagen wird man mitgerissen, beim nächsten Mal treibt man das Thema selbst aktiv voran.

Letztendlich ist es nicht schlimm, wenn ihr mal eine Lern-Session verquatscht. Das gehört dazu. Manchmal ist die Energie einfach raus. Die Abwechslung tut gut, man ist unter Kollegen, lacht zusammen und bespricht ein paar Dinge bei einer Pizza.

Faustregeln für effiziente Lerngruppen

So geht es schneller los. Alles über vier Lernpartner senkt die Disziplin in der Gruppe. Unpünktlichkeit ist für alle ärgerlich. Vereinbart klare Regeln: Wer mehr als fünf Minuten zu spät kommt, muss allen anderen die Getränke spendieren (wirkt!). Wer mehrfach spürbar den Gruppenprozess aufhält, weil er sich nicht vorbereitet hat oder viel zu spät kommt, ist draußen! Eine Alternative verrieten mir Studierende aus Passau: Sie treffen sich samstags zum Frühstück, so hat jeder Zeit einzutrudeln. Zwischen Brötchen und Honig werden Scherze gemacht, Probleme erörtert und Unsicherheiten weggetröstet. Emotional ist jeder auf der Spur, wenn es um 11 Uhr losgeht.

So arbeitet ihr fokussierter. Sind alle da, ist es hilfreich, wenn jemand wirklich nach zwei Stunden wieder weg muss. Er wird Hummeln im Hintern haben und auf eine produktive Arbeit drängen. Klare Ziele (Seitenzahl, Kapitel, Unterthemen) verstehen sich von selbst.

So seid ihr zufriedener. Häufig hat man ein schlechtes Gewissen, weil man sich nie so intensiv vorbereiten kann, wie man es gern hätte. Aber Lerngruppen sind ja genau dazu da, schwierige Inhalte zu erarbeiten. Du würdest viel Zeit verschwenden, etwas allein verstehen zu wollen, was gemeinsam einfacher geht. Je nach Fach wird das Treffen einem Puzzle gleichen, in denen die Verständnisteile von allen zusammengetragen werden. Gerade in den Horrorfächern (Mathe, Statistik, formale Logik etc.) hat jeder einen anderen Teil verstanden und man kann sich gegenseitig ergänzen. Ist etwas absolut nicht innerhalb einer gewissen Zeit lösbar, fällt der Gang zum Dozenten nicht mehr schwer: Was mehrere Leute nach intensivem Versuch nicht verstehen, muss besser erklärt werden!

So seid ihr produktiver. Natürlich kann man Themen aufteilen – einer referiert und die anderen stellen Rückfragen. Besser ist jedoch, wenn sich *jeder* bereits mit dem Material beschäftigt hat. Interesse, Verständnis und Erinnerung steigen schon nach wenigen Minuten Vorbereitung spürbar an! In Gruppenarbeiten macht es einen gewaltigen Unterschied, ob ich die Seminarteilnehmer an einer konkreten Frage, z. B. „Wie lese ich effizient?", sofort gemeinsam arbeiten lasse oder sie vorher bitte, in zehn Minuten so viele Ideen und Beispiele wie möglich aufzuschreiben. Die Ergebnisse der Präsentation werden deutlich besser, griffiger und innovativer.

Reflektiert eure Arbeitsweise: Meist dauert es einige Treffen, bis ein Team richtig eingespielt ist!

Die verschiedenen Formen von Lerngruppen

Lerngruppen sind eine Allround-Methode: Mit ihnen lassen sich Wissen abfragen, Inhalte erarbeiten, Fragen klären, gemeinsam schwierige Textpassagen lesen, Präsentationen vorbereiten oder einfach nur Feedback geben.

Zweier-Lerngruppen sind ideal zum Abfragen, zum Durchsprechen von Konzepten und zum intensiven Arbeiten an einem konkreten Projekt oder Text. Dies ist die beste Form des Coachings, z. B. wenn einer dem anderen ein verpasstes oder schwieriges Thema erklärt.

Dreier-Lerngruppen bringen etwas mehr Dynamik ins Spiel und sind ideal für Brainstormings und kreative Prozesse. Es kann sich einer auch mal zurücklehnen und zuhören oder den beiden anderen helfen, wenn sie festgefahren sind.

Ein vierter macht besonders Sinn, wenn die Inhalte komplex sind oder nicht verstanden wurden. Acht Augen und Ohren hören nun mal mehr! Zusätzlich kann man kleine Zweier-Teams zur Vertiefung bilden, man ist flexibel.

Arbeitsgruppen sind zudem Kreativitäts-Booster: Jeder hat eine andere Art, Informationen wahrzunehmen und zu verarbeiten. Es gibt analytisch-detaillierte und ganzheitliche Denkstile, manche sind zahlenversiert, andere kreativer. Manche Tätigkeiten fallen dem einen leichter, jeder speichert andere Aspekte ab. Das verschafft neue Blickwinkel.

Gerade beim Durchsprechen von Gedanken oder einer Gliederung – die spontanen Rückfragen werden dich beim Denken unterstützen. Wenn ich die Probleme meiner Dissertation mit meiner Freundin aufgearbeitet habe, schaut sie mich danach immer schuldbewusst mit großen Rehaugen an, weil sie „inhaltlich nichts beitragen" konnte. Weit gefehlt – allein das Erklären hilft mir, logische Brüche, fehlende Infos und neue Ansatzpunkte zu erkennen.

Wie finde ich meine Lerngruppe?

Oft wird empfohlen, nicht mit Freunden zu lernen, weil man sich ablenkt. Das ist Blödsinn, denn mit Fremden lenkt man sich genauso schnell ab. Also warum sollte man nicht das Angenehme mit dem Nützlichen verbinden? Aber was ist, wenn du niemanden im Kurs kennst? Na, das ist doch die unverfänglichste und beste Art, Leute anzusprechen! Aus meinen Lernpartnern sind die besten Freunde geworden. Wer gemeinsam büffelt, feiert ebenso gemeinsam.

Auch für Referate und Projektarbeiten gilt: Finde Leute, denen man nicht dauernd hinterherlaufen muss. Uns ging es in der Schule weniger um die Noten, wir wollten einfach abgedrehte und schöne Projektarbeiten und Wandzeitungen gestalten. Durch diese intrinsische Motivation sprangen meist auch gute Zensuren für uns heraus. Suche also Leute, die wirklich Lust auf die Aufgaben haben! Wie im späteren Leben muss man hier ein wenig taktieren und das „richtige Personal" finden.

Auch von jenen, die man nicht unbedingt leiden kann, kann man eine Menge lernen. Ich habe mal bewusst mit den größten Freaks, Strebern und Cracks aus meinem Semester gelernt und mir so eine Menge abschauen können. Der in meinen Augen größte Schwätzer hat mir z. B. gezeigt, wie man mit wenig Aufwand sehr schnell ein brauchbares Ergebnis erzielt. Je mehr intensive Kontakte du zu deinen Kommilitonen pflegst, desto mehr lernst du von diesen selbst. Auch der Soft-Skill-Faktor ist nicht ohne: MBA-Programme teilen oft bewusst Leute unterschiedlicher Denkstile und Ansichten in Gruppen ein, um Konflikte zu erzeugen. Jeder muss so lernen, auf andere Charaktere einzugehen – unentbehrlich für den Erfolg im Job!

Warum schreiben das Denken beflügelt

Der ideale Schreibprozess ist eine Fiktion

Oft lautet der Rat, ein Thema gründlich zu durchdenken, bevor man mit dem Schreiben beginnt. Dies ist jedoch nicht realistisch. Meist kommt der Durchblick erst durch das Schreiben selbst: Für einen umfangreichen Essay, den ich zu Beginn meines Psychologiestudiums schreiben musste, hatte ich nur wenig Zeit, um mich in vier Theorien einzuarbeiten. Unmöglich, eine Argumentationsstruktur des Textes aufzubauen, denn ich hatte die Komplexität des Themas nicht verarbeitet! Durch den Zeitdruck *musste* ich anfangen zu schreiben: So kopierte ich alle Notizen in ein „Masterdokument" und begann, die einzelnen theoretischen Bausteine zu Sinneinheiten zu clustern. Ich druckte den Text oft aus, schob diese Inhaltsblöcke hin und her, bis ich eine Struktur gefunden hatte, die logisch erschien. Mit jeder Überarbeitung kamen neue Fragen. Es zeigten sich Aha-Effekte, Wissen festigte sich. Ich konnte Schwachstellen erkennen und Details ergänzen.

Ich puzzelte ein Textbild zusammen, ohne zu wissen, wie das Bild aussehen sollte. Dieses Tappen im Dunkeln war leidvoll. Ich schwor mir: nie wieder! Denn immer schon – sei es bei meiner Diplomarbeit, beim Schreiben meines ersten Buches, selbst bei kürzeren Texten – nie schaffte ich es, dem gerecht zu werden, was Schule, Universität und Ratgeber als ideale Schreibstrategie lehren: 1. Gedanken ordnen und Kernaussagen bestimmen und 2. diese kontinuierlich herunterschreiben. So sehr ich es auch versuchte, die Menge an neuen Informationen überforderte mich jedes Mal aufs Neue. Dementsprechend schlecht fühlte ich mich auch hier… bis ich die **Bestnote** für den Essay bekam!

Ich stand vor einem Paradox – irgendetwas musste ich intuitiv richtig gemacht haben. Ich beschloss, dem Phänomen auf die Spur zu gehen und erforschte in meiner Masterarbeit den Lerneffekt beim Schreiben. Das Fazit in Kürze:

Schreiben ist ein unterschätztes Lernmedium

Es ist leichter, im Gespräch einen Gedanken unverbindlich zu äußern, als diesen in einem Text griffig zu formulieren. Erst wenn man das geschafft hat, ist der Gedanke voll ausgereift. Der **Konkretisierungseffekt** wird durchs Schreiben noch verstärkt:

⇨ Wer schreibt, braucht Zeit, Energie und Ausdauer. Das zwingt zur Fokussierung auf wichtige Punkte.

⇨ Wir schreiben langsamer als wir sprechen und haben mehr Zeit zum tiefgründigen Denken.

⇨ Aufschreiben entlastet das Gedächtnis. Kapazität wird frei, um das Niedergeschriebene zu prüfen.

⇨ Wir können unsere Gedanken distanziert betrachten, an wichtigen Stellen verstärken oder umstrukturieren.

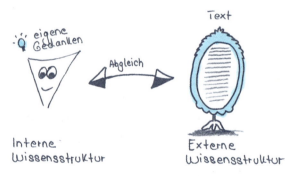

Das Schreiben schafft einen Spiegel der eigenen Gedanken. Durch den Vergleich zweier Wissensrepräsentationen – der inneren Struktur im Kopf und der sichtbaren externen Wissensstruktur – können wir prüfen, ob das, was wir ausdrücken wollten, mit dem übereinstimmt, was wir geschrieben haben. Gibt es Abweichungen, wird erneut geplant, geschrieben, ergänzt und evaluiert. So lange, bis Gedanken gereift und die beiden Wissensformen kohärent sind. Deswegen brauchen Texte mehrere Überarbeitungsrunden.

So nutzt du das Schreiben zum Lernen

Selbstreflexion. Beobachte deinen Schreibprozess und ob das Schreiben dir beim Denken hilft: Welche spontanen Einsichten kommen dir? Nutzt du die Chance, den fertigen Text noch einmal umzuschreiben, oder dokterst du nur an der Oberfläche herum?

Gedankenbuch. Schreib ein Lern-Tagebuch und halte darin die wesentlichen Erkenntnisse einer Vorlesung, eines Tages oder eines Fachs fest. Wenige Minuten reichen. Schreib so lange, bis nichts Neues mehr hinzukommt. Überarbeite später diesen Versuch und markiere Kernaussagen.

Brainwriting. Nimm dir 15 oder 30 Minuten, um schreibend zu denken: Halte alles fest, was dir zu einem bestimmten Thema einfällt. Das können Einfälle, Gedankenfetzen, Erinnerungen sein.

Eine Frage klären. Durch konkrete Fragen, z. B. „Wie kann man den Begriff XY erklären?" | „Was ist der Unterschied zwischen X und Y?" | „Wie funktioniert Z?" bekommt das Schreiben eine Richtung. Zeichne eine kleine Strukturskizze oder schreib einfach drauf los. Vergiss nicht, hinterher ein Fazit zu ziehen und die Frage zu beantworten. Ich nutzte diese Methode oft, wenn ich in meiner Promotion nicht weiterkam. So habe ich freiwillig Hausarbeiten zu spezifischen Fragen („Was heißt Komplexität in der Werbung?" | „Wie kann man Sortimente strukturieren?") geschrieben.

Back to the roots. Damit meine ich nicht, dass du zu Steinplatte, Hammer und Meißel greifen sollst, aber Stift und Papier sind einfach besser zum Denken als der Computer! Auf dem Papier kann man Gedanken visuell anordnen oder zeichnen. Dieser Effekt wird durch die mechanischen Bewegungen beim Schreiben verstärkt: Handschriftliches wird besser als das Tippen auf der Tastatur erinnert, weil dort jeder Buchstabe mit einer einzigartigen Handbewegung kodiert wird.

Gedanken-Überfall. Die besten Einfälle kommen in den ungewöhnlichsten Situationen: im Park, auf dem Rückweg vom Sport oder beim Drink mit Freunden. Leider vergisst man häufig gute Gedanken genauso plötzlich, wie sie gekommen sind. Sei deswegen immer mit einem kleinen Notizbuch und Stift bewaffnet!

Das Gedanken erkundende Schreiben – wie hier beschrieben – hat zwei nette **Nebeneffekte**:

⇨ **Kurzfristig:** Oftmals gelingen in diesen Schreibsessions richtig gute Formulierungen und es kommen kreative Ideen, die man direkt in die Hausarbeit oder Klausur einfließen lassen kann.

⇨ **Langfristig:** Du übst Schreiben. Im Studium schreiben wir viel zu wenig und trainieren diese Fertigkeit zu wenig! Da du nur für dich schreibst, kannst du den Perfektionismus ausblenden und deine Gedanken in einfachen Worten ausdrücken. Du wirst geschulter im Umgang mit dem geschriebenen Wort. So haben Leute, die regelmäßig Tagebuch schreiben, weniger Hemmungen beim Schreiben.

Probiere es aus!

Die Fakten sind eindeutig: Sprechen und Schreiben helfen beim Denken! Eine Zusammenfassung können wir uns sparen, probiere es lieber gleich aus:

⇨ Deine konkrete Frage:

___

___

⇨ Erläutere hier die Frage schriftlich genauer:

___

___

___

___

___

___

___

___

Wenn der Platz nun eng wird: sehr gut! Wenn nicht: schreiben, schreiben, schreiben!

6
Gehirnakrobatik

Kodiere

Formeln, Merkmale einer Epoche, Argumente, Theorien – viele Fakten müssen wir kennen, aufzählen oder in einer bestimmten Reihenfolge wiedergeben. Abstrakte Fremdworte sind nicht in den Schädel zu bekommen und manche falten einem einen Doppelknoten in die Zunge. Wie sollen wir uns etwas einprägen, das wir nicht einmal aussprechen können?

Etwas Gedankenakrobatik ist nun gefragt: Wir ändern, verbiegen und verschieben den Stoff, bis er in unsere geistige Arena passt. Sicherheitshalber speichern wir die Inhalte zweimal: einmal als Wort und einmal als „Visual Codes". Doppelt hält besser!

Zentrale Fragen

· Wie lerne ich Fakten schnell und zuverlässig?
· Wie merke ich mir schwere Fremdwörter, Fachbegriffe und Vokabeln?
· Wie finde ich spontane Assoziationen zum Lernstoff?

Gibt es einen Geheimcode für unser Gehirn?

Manchmal hilft strukturierendes und verstehendes Lernen nicht. In der Schule werden überwiegend Fakten gelernt und auch die Uni kommt ohne Details, Formeln, Statistiken und Jahreszahlen nicht aus. Zu Fremdwörtern, Fachbegriffen, Vokabeln und Namen haben wir erst einmal keinen Bezug (Denke an die befremdlichen lateinischen Begriffe im Medizin- und Jurastudium). Es gibt nichts, woran man das Wissen anknüpfen könnte. Viele Infos lassen sich zudem gar nicht intuitiv herleiten: Dass der Kilimandscharo 5893 Meter hoch ist, dass der Fluss, der durch Florenz fließt, der „Arno" ist oder dass unser Gesprächspartner „Maler" heißt, obwohl er Arzt ist.

Um uns neue und abstrakte Informationen zu merken, müssen wir sie zerlegen, analysieren und so verpacken, dass sie leichter zugänglich werden. Ich nenne diesen Prozess in Anlehnung an lernpsychologische Forschungen „Kodierung". Unser innerer Dolmetscher kommt also abermals zum Zug und muss unbekannte Begriffe in unsere Gedankenwelt übersetzen. Unterscheide:

- ⇨ **Speichern:** Der Inhalt wird 1:1 auf eine „Festplatte" gespeichert. Unser Gehirn als biologisches Organ ist hier fehleranfällig, ein PC ist beim Speichern zuverlässiger.

- ⇨ **Kodieren:** Der Inhalt wird aufbereitet und verknüpft. Daten werden angereichert und mit dem Vorwissen in Bezug gesetzt. Der Mensch kann sehr gut kreativ denken, assoziieren und interpretieren. Ohne Interpretation kann man mit gespeicherten Daten nichts anfangen, deswegen ist das menschliche Gehirn letztendlich dem Computer überlegen.

Beim Lernen gilt das GIGO-Prinzip: „**G**arbage **I**n = **G**arbage **O**ut". Zu Deutsch: Wenn man nur Müll hineinsteckt, kommt auch nichts Vernünftiges heraus! Der Moment der Kodierung ist entscheidend. **Je qualitativer der Input, desto besser (und mehr) Output**. Nicht das Vergessen ist das Problem, die meisten Infos werden gar nicht erst gespeichert! Das beweist eine Studie, bei der 15-Jährige Nonsens-Silben

Gehirnakrobatik

auswendig lernen sollten (diese sind besonders schwer zu merken). Wer alle Zeit nur damit verbrachte, die Silben stumpf durch mehrmaliges Lesen zu wiederholen, schnitt am schlechtesten ab (siehe Tabelle). Je länger die Schüler hingegen über die Silben nachdachten, desto besser erinnerten sie sich an diese. Im Endeffekt **verdoppelte** das bewusste Erarbeiten (= Kodieren) die Erinnerungsleistung!

Zeitaufwand fürs Lesen	Zeitaufwand fürs Kodieren	Anzahl der richtigen Silben
100 %	0 %	65
80 %	20 %	92
60 %	40 %	98
40 %	60 %	105
20 %	**80 %**	**137**

Wenn du Zahlen, Daten, Fakten (ZDF) nicht kodierst, ist es, als ob du deine Jacke an einer Wand ohne Kleiderhaken aufhängen willst. Statt zu versuchen, die Jacke motivierter und angestrengter aufzuhängen, wäre es schlauer, einen Haken zu montieren. Beim Kodieren reicherst du also „nackte" Fakten mit Eselsbrücken bzw. visuellen Erinnerungsstützen an. Das mag aufwendig erscheinen, denn es erhöht zunächst die Infomenge. Aber der Aufwand lohnt sich: Durch die bildliche Vorstellung und Verbindung mit bekannten Gedächtnisinhalten wird der Begriff viel schneller einsortiert und damit flinker und zuverlässiger gespeichert.

 Die meisten Informationen werden nicht vergessen. In Wahrheit wurden sie nie vom Kurzzeitgedächtnis ins Langzeitgedächtnis übertragen!

Aber bitte mit Gefühl

Wir nehmen unsere Umwelt über unsere Sinne war. Für die grauen Zellen sind schwarze Buchstaben auf leblosem Papier nichts wert. Sie helfen nicht beim Überleben. Wir müssen den Lernstoff so verändern, dass er gehirngerecht, d.h. lebendig, konkret und vorstellbar wird. Alles, was neu, überraschend, eigenartig oder angenehm ist, bekommt besondere Bedeutung. Unsere Sinne und Gefühle sind der Schlüssel für die Kodierung:

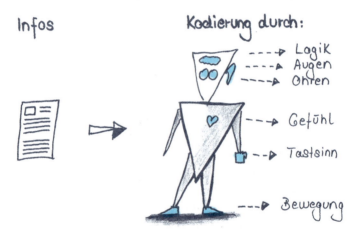

⇨ Wir können uns Informationen besser merken, wenn wir sie in *Bilder* übertragen.

⇨ Auch wenn wir den Lernstoff *hören*, setzt er sich besser fest. Wie viele Popsongs hast du bewusst auswendig gelernt?

⇨ Je *emotionaler* eine Information ist, desto besser wird sie erinnert. Denke an deinen ersten Kuss, den vergisst du nie!

⇨ Auch wenn wir Dinge *berühren* und fühlen können, sind sie für uns realer (deswegen wollen wir im Museum trotz Verboten alles anpatschen).

„Multisensuales Lernen" heißt das Zauberwort

Bei einer Studie sollten Schüler unverbundene Wortpaare wie „Taube" und „Auto" lernen:

⇨ **Gruppe 1** las die Wörter leise.

⇨ **Gruppe 2** las Sätze laut, in denen die Wörter vorkamen.

⇨ **Gruppe 3** bildete eigene Sätze und las sie laut.

⇨ **Gruppe 4** bildete ein lebhaftes inneres Bild, bei dem die Wörter miteinander interagierten, z. B. dass die Taube von einem rasenden Auto überfahren wurde. Flutsch!

Welches war wohl die beste Gruppe? Jede Gruppe war besser als die vorherige. Aber Gruppe 4 behielt letztlich **dreimal** so viele Wörter wie Gruppe 1!

Wie könnte man dieses Ergebnis noch steigern? Indem man die inneren Bilder aufmalt. Je vielfältiger die Beschäftigung mit den Begriffen ist, je mehr Sinne beteiligt sind, desto besser!

Halluzinationen in hohen Dosen

Der Aufbau von inneren Bildern als Eselsbrücken lohnt sich. Ein Bild sagt mehr als 999 Worte! Versuche, ein Foto mündlich zu beschreiben. Du brauchst 20 Sätze. Ein Bild erfasst man in zwei Sekunden. Probieren wir es! Lies den folgenden Absatz dreimal und versuche dabei, ihn dir einzuprägen:

> *„Ein Zweibein sitzt auf einem Vierbein an einem Dreibein und isst ein Einbein. Da kommt ein Vierbein, springt auf das Dreibein und nimmt dem Zweibein sein Einbein."*

Nun schau weg und wiederhole. Ähm, äh, stotter... Wer diesen Satz rein repetitiv lernt, kommt nicht weit. Lies den Absatz noch einmal, versuche dabei, dir folgende Bilder vorzustellen:

> *„Ein Zweibein (Mensch) sitzt auf einem Vierbein (Stuhl) an einem Dreibein (Tisch) und isst ein Einbein (Hähnchenkeule). Da kommt ein Vierbein (Köter), springt auf das Dreibein (den Tisch) und nimmt dem Zweibein (Mensch) sein Einbein (Keule)."*

Schließe nun die Augen und wiederhole den Absatz. Und, besser?

Visual Codes als Grundlage

Ich favorisiere den visuellen Lernkanal, aus folgenden Gründen:

Bilder sind Schlüsselinformation. Die Forschung beweist, dass bildliche Informationen semantischen (Fakten, Text, Zahlen) weit überlegen sind: Die Studie unten zeigt, dass man sich an ca. doppelt so viele Bilder wie an Wörter erinnern kann; sowohl kurz- als auch langfristig. Im Vergleich zu abstrakten Wörtern ist die Überlegenheit von Bildern sogar drei- bis viermal so stark!

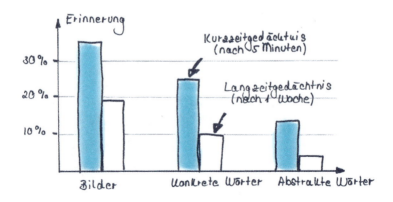

Die Überlegenheit von Bildern gilt für alle Menschen. Eine Forschung zur Sinneswahrnehmung zeigt, dass wir 83 Prozent aller Sinneseindrücke über die Augen aufnehmen. Unser Gehirn ist darauf trainiert, Bilder schnell zu erkennen, einzuordnen und sich daran zu erinnern. Früher dachte man, dass die linke Gehirnhälfte für Logik und Wörter (Fakten und verbale Informationen) zuständig ist und die rechte Gehirnhälfte für Bilder, Musisches, Kreatives. Auch wenn die Theorie der beiden spezialisierten Gehirnhälften heute überholt ist, zeigt diese Idee, dass wir ohne bildlich-assoziative Verstärkung nur die Hälfte unseres Gedächtnispotenzials nutzen.

Wir lernen automatisch „multisensual". Dadurch, dass wir aktiv eigene Bilder suchen und aufmalen, beteiligen wir zwangsläufig mehrere Sinneskanäle. Neben dem visuellen Kanal wird der Tastsinn angesprochen, indem wir die Bilder skizzieren. Weil die Ideen dazu aus uns selbst kommen, haben wir gleich einen persönlichen Bezug hergestellt. Damit haben wir alles automatisch kombiniert, was man zum erfolgreichen Lernen braucht. Praktisch, oder?

Meine Lernmethode beruht daher auf der Verknüpfung neuer Informationen mit spontanen Assoziationen und inneren Bildern, die als kleine Skizzen zusammen mit den Fachwörtern gezeichnet werden. Das macht die Fachwörter, Vokabeln, Zahlen plastischer und somit eingängiger fürs Gehirn. Ich nenne diese Erinnerungsbilder „visuelle Kodierungen" oder ausnahmsweise im dezenten Krenglisch „Visual Codes". Das geht leicht über die Lippen und lässt sich gut merken.

Wir arbeiten im Folgenden mit diesen Visual Codes als kleinen Gedanken-Skizzen und ergänzen unsere Lerntechnik, wo es sinnvoll erscheint, mit weiteren Sinneseindrücken wie Tönen oder Bewegungsabfolgen.

Ja, aber ...

... höre ich an dieser Stelle oft. Es gibt zwei Standard-Einwände:

„Ich bin nicht kreativ!" Immer wieder bin ich erstaunt, wie schnell selbst die strengsten Juristen und Mathematiker zu kreativen Einfällen kommen. Jeder kann visualisieren:

> Hast du dir schon mal Sorgen um etwas gemacht, das passieren könnte und dir die Konsequenzen „ausgemalt"? Das ist auch etwas nicht Reales – dennoch fühlte es sich so real an, dass dir mulmig wurde, oder nicht?

> Wie viele Fenster hat deine Wohnung? Du weißt zwar zunächst nicht die Zahl, kannst aber in deiner Vorstellung durch die Wohnung gehen und nachzählen ...

Wenn du diese beiden Fragen beantworten kannst, hast du eine bildliche Vorstellungskraft. Meine Erfahrung ist, dass diese nur etwas eingeschlafen ist, weil Schule und Uni überwiegend rein semantisch (über Wörter) Wissen vermitteln. Denke an die „Tafel-Bilder". Sie bestehen meist nur aus Wörtern und Aufzählungen! Vorlesungsfolien sind dafür reinste Bullet-Point-Gefechte, vor denen du dich in Acht nehmen musst. Und Fachbücher? Die gleichen meist Text- und Formelwüsten. Wir müssen dagegen ankämpfen und wieder lernen, auf unsere spontanen Assoziationen und unsere Kreativität zu vertrauen! Wenn du diese Fähigkeit der Visualisierung und Vernetzung wieder in dir weckst, wird dir das Lernen in Zukunft erstaunlich leicht fallen.

„Das ist zu umständlich!" Natürlich erscheint es erst mal komplizierter, zusätzlich zum Lernstoff Bilder zu finden. Aber nach einer einzigen Zeichnung vergisst du die Vokabeln vermutlich nie mehr. Wie oft betest du sonst etwas runter, bis es richtig sitzt? Und: Es ist wirklich nicht schwer. Im Seminar brauche ich bloß vier oder fünf Beispiele, bis wirklich jeder ein paar brauchbare Bilder produziert. Du schaffst das doch locker!

Dein neuer Job als Kreativ-Direktor

Gerade bei Menschen mit geringer Motivation und Interesse ist der überlegene Effekt von Bildern besonders stark – was sich an der Werbung verdeutlichen lässt. Die Betrachter von Werbebotschaften sind nicht gerade motiviert, Informationen aufzunehmen. Deswegen lassen Werber Produkte lebendig werden, erzählen lustige Geschichten, bringen Vergleiche und arbeiten mit Gefühlen. Das erzeugt mehr Aufmerksamkeit und verblasst nicht so schnell. Du bekommst nun also einen neuen Job als „Kreativer": Herzlichen Glückwunsch! Deine Aufgabe ist nun, Fachinformationen so zu verpacken, dass sie deinem Chef, dem Gehirn, viel besser gefallen! Die Bezahlung: bessere Noten und mehr Spaß beim Lernen. Kein schlechter Deal, oder? Dann los, unterschreibe deinen neuen Arbeitsvertrag, damit wir keine Zeit verlieren:

_26.10.2014_
Ort, Datum

Katrin Gieser
Unterschrift

Bereit? Dann beginnt schon deine Einarbeitungsphase: Auf den kommenden Seiten stelle ich verschiedene Anwendungsfälle vor. Es sind „echte" Fälle, welche meinen Seminarteilnehmern Sorgen bereiteten. Versuche beim Lesen der folgenden Unterkapitel, dir die zitierten Beispiele einzuprägen. Löse dich aber bald von meinen Vorschlägen, finde eigene Eselsbrücken und Bilder. So kannst du dir die Merktechniken schon beim Lesen antrainieren.

Ich habe zudem etwas mehr Anschauungsmaterial für unerfahrene Eselsbrücken-Ingenieure eingefügt. Sie sollen als Quelle der Inspiration dienen. Lies vorerst nur die Abschnitte, welche dich im Moment betreffen. Wenn du mal nicht weiterkommst, findest du in den anderen Beispielen sicher die eine oder andere Idee.

Merken von Namen und Fakten

Manchmal muss man sich recht unzusammenhängende Dinge merken. Nehmen wir die Namen europäischer Geschichtsfiguren: Napoleon, Alexander der Große, Fürst Otto von Bismarck. Wie können wir diese clever aufbereiten?

1. **Ordnen.** Die Namen werden in eine sinnvolle Reihenfolge gebracht (in diesem Fall zeitlich geordnet).

2. **Visualisieren.** Ich zeichne mir die Personen und versuche die Bilder so zu zeichnen, dass ich Verknüpfungen zu den Namen schaffe: So ist der Kopf von Alexander dem Große ein A, von Napoleon ein N, von Bismarck ein B. Alexander der Große ist größer als die beiden anderen, Otto von Bismarck isst ein Bismarck-Brötchen von Nordsee.

3. **Details und Markantes.** Ich baue in der Zeichnung interessante Details ein: Dass Napoleon seine rechte Hand immer in der Brusttasche hielt (vermutlich durch die Krätze). Ich deute die große Niederlage Napoleons in Waterloo durch die Wasserpfütze an. Dass Alexander in Indien und Ägypten war, verdeutliche ich durch einen indischen Punkt auf der Stirn und durch eine Pyramide in der Hand.

Alexander der Große   Napoleon   Otto von Bismarck

Nun hat man konkrete Vorstellungen im Kopf, die in einer Prüfung der Erinnerung auf die Sprünge helfen. Ich wandere in Gedanken im Bild von links nach rechts und erinnere mich an das Bild mit den drei Gestalten und an die damit verknüpften Details.

Parlez-vous français? Sprachen und Vokabeln

Weiter geht es mit Vokabeln. Auch hier versuchen wir, diese durch Skizzen und Assoziationen merk-würdiger zu machen. Nehmen wir die italienischen Vokabeln „la spina" – „der Stecker" und die dazugehörige Steckdose – „la presa". In dem Fall habe ich den Anfangsbuchstaben „S" von „la spina" ins Bild integriert, indem das „S" das Kabel des Steckers bildet, und das „P" von „la presa" wird zur Steckdose.

Der Stecker   Die Steckdose

Vokabellisten

So wie links sieht das Material häufig aus: eine einzige leblose Flut an unverbundenen Daten. Nicht verwunderlich, dass man da leicht das Interesse am Lernen verliert. Lass dich nicht unterkriegen, forme die Worte so um, dass sie Spaß machen ...

10 japanische Vokabeln in 3 Minuten?

Um zu beweisen, dass du sehr effektiv lernen kannst, lass uns die japanischen Zahlen von 1 bis 10 in drei Minuten lernen. Wir versuchen nun die Kodierung über die Haptik und Akustik und lassen den visuellen Lernkanal kurz ruhen.

	Zeichen	Aussprache
1	一	ichi
2	二	ni
3	三	san
4	四	shi
5	五	go
6	六	roco
7	七	shichi
8	八	hachi
9	九	Kyu
10	十	ju

Das ist die konventionelle Art, wie wir normalerweise Vokabeln vorgesetzt bekommen: Unmengen an Fremdwörtern plus Übersetzung. Das wirkt abschreckend und lässt sich nicht gut einprägen.

Wie können wir uns diese Wüste am besten merken? Indem wir nach Assoziationen suchen und diese unbekannten Infos als Anhalter mit in die Galaxie des Gedächtnisses nehmen.

Also, suchen wir bei den Vokabeln zunächst nach ein paar Assoziationen. Mit ein wenig Fantasie kann man die Aussprache der japanischen Zahlen mit englischen Wörtern assoziieren:

	Zeichen	Aussprache	Klingt wie ...	Kodiere es in eine Bewegung ...
1	一	ichi	itchy	itchy = „es juckt" → Kratze ...
2	二	ni	knee	... dich am Knie
3	三	san	sun	Zeige zur Sonne
4	四	shi	she	Zeige auf eine (gedachte) Frau
5	五	go	go	Gehe fünf Schritte
6	六	roco	rock	Schwinge 6x die Hüfte wie beim Rock'n'Roll
7	七	shichi	schi-schi	Mache 7 kleine Kniebeugen wie beim Skifahren
8	八	hachi	hat-chi	Niese laut in die Hand
9	九	Kyu	coo	Gurre „coo coo" wie eine Taube
10	十	ju	jew	Setze eine jüdische Kappe auf

Gehirnakrobatik

Aus ichi wird „itchy" (kratzig), aus ni „knee" und aus san „sun" etc. Eine ungefähre Übereinstimmung reicht. Der Feinschliff kommt später. Nun legen wir mit vollem Körpereinsatz los: Mach die folgende Übung bitte live mit …

> **1 + 2 „itchy", „knee":** Sicher kennst du die MTV-Katz-&-Maus-Serie „Itchy & Scratchy" (zu Deutsch „jucken und kratzen"). Voilà, kratze spürbar an deinem Knie und sage „itchy", „knee".
>
> **3 „sun":** Schaue aus dem Fenster und zeige deutlich zur Sonne, während du „sun" sagst.
>
> **4, 5, 6 „she", „go", „rock":** Nun zeigst du auf eine Frau, säuselst in hoher Stimme „she" und gehst („go") fünf Schritte. Dann schwingst du sechsmal deine Hüften wie beim Rock 'n' Roll („rock").
>
> **7 shichi:** Das klingt wie „Ski-Ski". Also wird es sportlich: Ahme die Skihaltung nach und mache sieben Kniebeugen.
>
> **8 hachi** wird „hat-chi" ausgesprochen. Hoppla, deute mit den Worten „hat-chi" an, wie du laut in ein Taschentuch niest.
>
> **9 kyu** wird „coo" ausgesprochen. Klingt doch ein wenig wie eine Taube, nicht wahr? Du ahnst es längst: Mache 9 Mal dieses Coo-coo-Geräusch (Es hört ja keiner …).
>
> **10 ju** wird wie engl. „chew" (= kauen) ausgesprochen. Mmmh, die zehn Stückchen Schokolade schmecken lecker (Stell dir vor, wie du diese Stückchen isst und malme einige Male mit dem Unterkiefer).

Wiederhole diese Übung. Dann lege die Liste weg und schreibe die Zahlen auf. Und? Wie viele hast du behalten?

Wenn du nicht gut Englisch kannst, kein Problem. Es ist nur ein Beispiel. Es zeigt aber auch: Je mehr wir schon wissen, desto leichter ist es, Assoziationen zu finden.

Chunking und Storytelling

Zum Einprägen von vielen Begriffen oder Vokabellisten empfehlen sich zwei weitere Merktechniken:

➡ Das **„Chunking"**. Ein einzelner Fakt fordert das Gehirn zu wenig. In der schieren Anzahl der Infos wird es schnell unübersichtlich. Besser, wir versuchen, aus zwei bis vier Fakten kleine Info-Häppchen zu bilden.

➡ Das **„Storytelling"**. Die einzelnen Chunks werden dann mithilfe einer Geschichte verknüpft (siehe auch Seite 183).

Durch beide Techniken reduziert sich die Zahl der zu lernenden Elemente. In der folgenden Vokabelliste bilden wir aus zehn Zahlen vier Info-Einheiten („Chunks"). Das ist übersichtlicher. Probieren wir das anhand der indonesischen Zahlen:

1	satu	Susi fährt zu **ATU**
2	dua	Wir spielen derweil das Spiel **DUA**
3	tiga	Aber draußen ist es kalt wie in der T(a)IGA

4	empat	Wir fühlen mit Susi mit, sind **EMPAThisch**
5	lima	Bei der Saukälte wären wir gern in **LIMA**
6	enam	Die **EN**ten **AM**See draußen sind erfroren!

| 7 | tujuh | Immer, **TUJUHours**, diese Kälte ab um 7! |
| 8 | delapan | Wir lernen Spanisch und essen **DE LA PAN** |

| 9 | sembilan | Im **SE**ptember ziehen wir **BILANZ** |
| 10 | sepuluh | Um 10 **SE**hen wir den Uhu-artigen **PULUH** |

Die Geschichte wäre wie folgt erzählt (Märchenonkel Martin lehnt sich mit seiner Pfeife im Sessel zurück und beginnt …):

> „Es ist ein bitterkalter Januartag (Januar = erster Monat), deswegen meckert Susis Auto etwas. Also fährt sie zu **SATU**. Wir warten der-

weil drinnen im Warmen und spielen **DUA** (ich + du, sind schon 2), denn „Uno" ist eher etwas für kleine Kinder. Draußen ist es aber wirklich *brrrr! kalt wie in der **T**(a)**iga** (sibirische Landschaftszone).

Es ist schon vier Uhr, noch immer keine Spur von Susi. Die Ärmste! Wir fühlen mit ihr. Wir sind ganz **EMPAT**hisch. Wir wären viel lieber in **LIMA**, denn auf der Südhalbkugel ist jetzt Sommer. Inzwischen ist es sechs, die Sonne ist weg, die Luft kühlt weiter ab, wir sehen, wie die **EN**ten **AM** See mit weit ausgestreckten Füßen nach oben auf dem Rücken liegen. Sie sind erfroren. Oh, die Ärmsten!

TUJUHurs (klingt wie das frz. Wort „toujours = immer" diese Kälte ab 7 Uhr abends! Wir essen unterdessen gegen acht Uhr **DE LA PAN** (span. „Brot").

Es ist wirklich bitterkalt! Aber erst gegen Ende des Jahres, im neunten Monat, dem **SEM**tember, können wir **BILAN**z ziehen, ob das Jahr wirklich kälter als gewöhnlich ist.

Um 10 Uhr abends kommt es nun heraus: ein seltenes, nachtaktives Tier. Es sieht aus wie ein Uhu, hat aber doppelt so große Augen: der Se-Puluh! Er sieht dich mit seinen riesigen Augen an und gurrt immerzu „puluh, puluh, puluh". Uh, ganz schön unheimlich!

Das Schöne an dieser Geschichte sind seine inneren Vernetzungen und der logische Aufbau. Damit reicht es, sich an den einen Teil des Chunks zu erinnern und schon fallen uns die anderen Teile automatisch ein, weil wir uns chronologische Abfolgen in der Regel sehr gut merken können.

Manchmal ergibt sich auch die Chance für ein Schlüsselbild. Eine Studentin hat die ersten drei Zahlen wie folgt gebildet: 1) Satu = Saturn, 2) Dua = zweiter Ring um den Saturn, 3) Tiga = ein Tiger, der auf den Ringen spazieren geht. Fabelhaft! Aus drei abstrakten Wörtern macht man ein konkretes Bild.

Sollten dir die Eselsbrücken noch fremd vorkommen, ist es nicht verwunderlich: Finde deine eigenen Bilder, dann ist es optimal.

Fachbegriffe und Fremdwörter: 3-2-1 Methode

Mit Vokabeln haben wir nun Übung. Fremd- und Fachwörter sind nichts anderes. Um auch die härtesten Brocken zu knacken, habe ich im Laufe meiner Lernseminare ein einfaches 3-Schritt-Verfahren entwickelt, anhand dessen du dir selbst schwierige Informationen schnell einprägen kannst. Es funktioniert für alle Schulfächer und für Studierende aller Fachgebiete.

Die 3-2-1-Methode

Es genügen drei Schritte, um unserem Gehirn eine unbekannte Information schmackhafter zu machen:

3 ZER-LE-GEN. Wir müssen die Worte in so kleine Häppchen zerlegen, dass Silben entstehen, zu denen wir eine visuelle oder phonetische Vorstellung bilden können. Deswegen laufen die drei Schritte 3-2-1 rückwärts ab: Zunächst gehen wir einen scheinbaren Rückschritt und zerkleinern sperrige Wörter in mindestens zwei bis drei Wortbestandteile. So kann man leichter Anknüpfungspunkte finden.

2 VER-KNÜPFEN (Visual Codes). Nun suche ich nach Assoziationen zu den einzelnen Wortteilen. Dabei frage ich mich: „Was sehe ich spontan, wenn ich das Wort lese?" bzw. „Nach was klingt es?". Oft entstehen dabei konkrete Vorstellungen und ich skizziere mir diese. Ich notiere mir also zu jedem Begriff *zwei* Bestandteile: das Wort bzw. die Silbe an sich plus eine kleine Skizze (Visual Code).

1 SINN (bzw. Schlüsselbild). Nun haben wir das Wort, die Vokabel oder die Zahl zerlegt und einzeln analysiert. Wir machen wieder *eins* draus und versehen das Ganze mit einer übergreifenden Bedeutung. Wir verbinden die Visual Codes mit dem ursprünglichen Sinn des Wortes und können daraus sogar oft ein abschließendes Schlüsselbild zeichnen.

Beispiel: "Hermetismus"

3) **ZER-LE-GEN.** Ich zerlege das Wort in zwei Bestanteile, zu denen ich mir etwas ein-bilden kann: Hermet | ismus

2) **VER-KNÜPFEN.** Hermet erinnert mich an den Hermes-Versand (Das Wort muss nur ungefähr passen). Das Suffix „-ismus" kommt öfters mal vor. Ich schlage es nach und sehe, es ist griechisch und steht für „Theorie"/„Lehre" im generellen Sinn.

1) **SINN.** Hermetismus kommt aus der Literaturwissenschaft und ist eine Methode zur Interpretation von Texten. Aha, ich nehme also meinen Hermes-Lieferwagen und lasse ihn auf einem großen Buch fahren. Er bringt ein Päckchen, darin liegt der Schlüssel, um dieses Buch aufzuschließen (es zu intepretieren).

Beispiel: "1,2 Diacylglycerin"

3) **ZER-LEG-EN.** 1,2 Dia | Cyl | Glycerin

2) **VER-KNÜPFEN.** Ein Dia zeigt zwei Auto-Zylinder („cyl"), die gerade explodieren, weil du aus Versehen (Nitro-)Glycerin getankt hast.

1) **SINN.** Glycerine sind Teil des Körperfetts. Sie bilden einen guten Kälteschutz in der Haut und schützen diese vor Verletzungen. Na wer sagt es denn: Weil du auch einen Schluck vom Glycerin getrunken hast, prallt die Explosion einfach an dir ab! Puh, das ist noch mal gut gegangen.

Ja, aber ...

Da ist sie wieder: unsere innere Bremse, die Gewohnheit. Sie wird sagen, dass es nicht sinnvoll ist, so einen Aufwand zu betreiben. Glaub ihr nicht! Durch diese Technik schaffen meine Seminarteilnehmer, sich zehn chinesische Vokabeln samt Schriftzeichen in nur acht Minuten zu merken. Die 3-2-1-Technik führt zu einer genauen Analyse des Wortes und zu einer Anknüpfung an dein Vorwissen. Wortbestandteile werden bewusst wahrgenommen.

Klar, die meisten Bilder werden nicht ewig bleiben, sondern sind ein Trick, ein Trojanisches Pferd, mit dem wir sperrige Wörter ins Langzeitgedächtnis befördern. Sie helfen, uns mit einem Begriff vertraut zu machen. Das ist wie Fahrradfahren lernen: Zunächst verwenden wir Stützräder. Bald schon können wir diese ablegen und freihändig fahren. Oder betrachte diese Technik als eine Art Gipsverband, der überflüssig wird, sobald die Knochen zusammengewachsen sind. Schon wieder siehst du: Bilder und Assoziationen zu finden ist nicht schwer. Es gibt meist mehrere Möglichkeiten: Ob du nun auf Trojanischen Pferden, Stützrädern und mit oder ohne Gipsverband reitest – dir fällt schon etwas ein.

 „Diese Übung gefiel mir besonders gut, da ich hier meiner Kreativität freien Lauf lassen konnte. Sie zeigte mir, wie sehr lernen doch Spaß machen kann."
Simone

Unsere Trickkiste

Während wir zu *konkreten* Begriffen relativ leicht ein Bild finden, müssen wir für *abstrakte* und *unaussprechliche* Begriffe schon etwas tiefer in die Trickkiste greifen.

Lernmaterial	So bildest du Kodierungen:
Konkrete Begriffe Hier sind Assoziationen vergleichsweise einfach. Z. B. Diacyl-Glycerin	**Halte es einfach:** Nimm die Assoziationen, die naheliegen. Kommt dir als erstes inneres Bild ein Dia, nimm es! Wenn die Verbindung spontan ist, so kommt sie auch ein zweites Mal als Erstes (toller Satz, oder?). **Übertreibe** die Darstellung: Wir haben eine Explosion genommen, die trägt Dynamik in sich. Lass die Bildbestandteile **interagieren:** Zeig, wie die Autoteile zerspittern. **Empfinde** die Situation nach, wie würde sich das anfühlen? Wie laut wäre das?
Abstrakte Begriffe Einige Wörter lassen sich nur schwer bildlich vorstellen, z. B. Religion, Neid, Institution, Ungerechtigkeit	**Nimm Stellvertreter:** • Statt Religion denkst du an Buddha/Jesus. • Statt Neid denkst du an deinen Nachbarn. • Statt Institution denkst du an ein Gefängnis. • Statt Ungerechtigkeit denkst du an deinen großen Bruder.
Unaussprechliche Begriffe Z. B. der Zungenbrecher-Name des Forschers „Csíkszentmihályi"	Zerlege das Wort und bilde **Klang-Assoziationen** zu den einzelnen Silben: „Dieses **Chick send**et **mi**ch in den Himmel – ich bin ganz **high!**" – Denke dazu an das Gefühl frischer Liebe und schon ist's im Kasten (funktioniert jedenfalls bei Männern)!

Theorien, Argumente und Vorlesungsfolien

Es ist vollbracht! Die harten Nüsse sind geknackt. Wir können nun einzelne Fachwörter inklusive Aussprache mit Leichtigkeit lernen. Oft hat man aber einen Aspekt und muss sich dazu mehrere Unterpunkte merken: 8 Bestandteile einer Theorie, 9 Merkmale einer Epoche oder 6 Schritte eines Verfahrens. Die Prinzipien zum schnellen Einprägen sind hier gleich: Wir übersetzen jeden Unterpunkt in ein kleines Bild.

Patrick muss sich für sein Medizinstudium z. B. die Merkmale von Krankheiten merken. Die Symptome der Kinderkrankheit „Pseudokrupp" sind z. B.: bellender Husten, Halsschmerzen und Heiserkeit.

Nun kann ich mir die Worte wie bisher immer wieder mechanisch vorsprechen. Erfolg versprechend ist das aber nicht, denn bei 30 anderen Krankheitsbildern ist die Verwechslungsgefahr groß. Besser, man gibt jeder Krankheit einen unverwechselbaren Charakter durch Visual Codes: Bellender Husten wird zum Hund, Heiserkeit erinnert an einen Hustenbonbon, Halsschmerzen werden mit einem Schal symbolisiert.

Wenn ich nun die Augen schließe, sehe ich den Hund, den Bonbon, den Schal und erinnere mich an „bellender Husten, Heiserkeit, Halsschmerzen". In der Klausur oder mündlichen Prüfung gehe ich gedanklich die Visual Codes durch und erhalte Zugang zu den dahinterliegenden Infos. Jedes Bild ist einzigartig und brennt sich viel besser ins Gedächtnis ein! Visual Codes beugen so dem Vergessen vor und reduzieren Unsicherheit.

Vielleicht verknüpfst du die einzelnen Visual Codes noch zu einer kleinen Geschichte oder einem Schlüsselbild. Hier könnte das der Bello mit einem Schal um den Hals sein, der an einem Hustenbonbon schleckt.

Nimm 2! Doppelt hält besser

Weil es so schön war, nun noch ein Beispiel aus den Sozialwissenschaften. Hier muss sich Steffi fünf Punkte zur „Handlungstheorie" merken, die in ihrem Substantiv-Stil so sexy sind wie Mr. Bean in Unterhosen. Übersetzen wir also die zu merkenden Stichworte in Visual Codes:

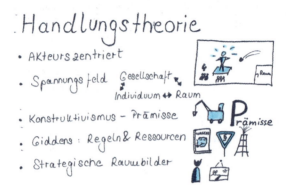

1. Der erste Begriff ist der Akteur, der zentriert auf einem Podest steht.

2. Das Bild haben wir gleich noch für den zweiten Unterpunkt genutzt, denn dieses Individuum (der Akteur) steht in einem Raum (symbolisiert durch den Rahmen). Nach diesem Akteur (vielleicht einem Politiker) wirft jemand eine faule Tomate, deswegen steht dieser Akteur (vielleicht ein Politiker) im Spannungsfeld der Gesellschaft (dem Raum).

3. Für die Konstruktivismus-Prämisse fanden wir einen Bagger, der ein dickes P (für Prämisse) konstruiert.

4. Anthony Giddens, ein berühmter Soziologe, hat einen Platz auf einem Buchcover bekommen, die Regeln sind auf einem Verkehrsschild mit Paragrafen dargestellt, die Ressourcen als Öl-Bohrplattform.

5. Schließlich noch die strategischen (= Schachspieler) Raumbilder (= Bild an der Wand). Fertig!

Gehirnakrobatik

Jonglieren mit Formeln und Gleichungen

Mathe

Erste binomische Formel: $(a+b)^2 = a^2 + 2ab + b^2$
Grundsätzlich solltest du versuchen, die Logik einer Sache nachzuvollziehen. Hast du sie einmal richtig verstanden, kannst du ähnliche Fälle nach dem gleichen Muster lösen. Hier können wir uns die Sache leichter mit einer Analogie veranschaulichen: Zwei Buchstaben, a + b, heiraten in einem geschlossenen Raum (die Klammern). Die hochgestellte 2 ist der Ehering. Auf der rechten Seite ist die Situation nach der Hochzeit: Jeweils a^2 und b^2 tragen nun diesen Ehering. Sie haben zwei Zwillinge, die Gene von a und b gleichzeitig haben (2 ab). Nach diesem Muster lösen sich die meisten Hochzeiten (Terme in Klammern) auf.

Wenn man sich partout nichts zusammenreimen kann, sollte man wenigstens die Informationen farbig verarbeiten. Du könntest hier die Buchstaben a und b mit zwei unterschiedlichen Farben schreiben und statt der 2 ein hochgestelltes Bonbon zeichnen („Nimm 2"). Die Klammern können Hauswände sein. Egal wie du es anstellst, jede Art der Beschäftigung mit dem Aufbau der Formel wird dir die Erinnerung erleichtern.

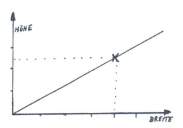 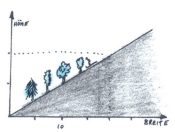

Die Idee, Diagramme mit Bildern anzureichern, um sich diese besser vorzustellen, fand ich klasse. Hier wird gefragt, wie weit der Weg auf den Berg ist, wenn der Punkt x 5 Meter hoch und 15 Meter weit weg ist. Oft geben die Aufgaben solche Beispiele vor, aber wie oft zeichnen wir sie?

Physik

Auch bei Gleichungen gilt: Wer in Klausuren nicht abstürzen will, hat besser eine gute Eselsbrücke. Nehmen wir die Lorentzkraft:

$$\vec{F} = q \times (\vec{E} + \vec{v} \times \vec{B})$$

Lorentzkraft — Ladung — Elektrisches Feld — Geschwindigkeit — Magnetfeld

Zerlegen brauchen wir die Formel eigentlich nicht, sie hat fünf bzw. drei Elemente, je nachdem, ob man die Klammer als ein Element sieht. Übersetzen wir erst einmal die Buchstaben:

- **F** steht für die Lorentzkraft
- **q** ist die Ladung
- **E** ist das elektrische Feld
- **v** ist die Geschwindigkeit (yippie, das kenne ich schon!)
- **B** ist das Magnetfeld

Dann assoziieren wir die Bestandteile: Das F wird zu „Force", englisch für „Kraft". Als Bild gibt es einen Bodybuilder, der sich auf die Gleichung zubewegt. Auf der rechten Seite sehen wir kein q, sondern die „Kuh". Weil das q für die Ladung steht, wird diese vom Blitz getroffen. Diese Ladung kommt wiederum von dem elektrischen Feld, das direkt daneben in der Klammer steht.

Gehirnakrobatik

Wie merken wir uns die Klammer? Weil wir zwei Felder haben, wird das ein Tennisplatz: Links spielt das „Elektrische Feld" gegen das B-klassige Magnetfeld rechts. Hinter dem E steht ein „Plus" weil dieser Spieler immer so gut gelaunt und positiv ist. Das elektrische Feld ist so überzeugt davon, das Spiel zu gewinnen! Dagegen macht das B-klassige Magnetfeld ein Kreuz (x), wenn es das Spiel übersteht. Zwischen beiden Spielern misst ein Geschwindigkeitsmesser (v) die Härte des Aufschlags.

Chemische Strukturen (Einsteiger)

Jan muss sich ein polares Lösungsmittel merken:

$$\overset{\overset{O}{\|}}{\underset{H}{C}} - \overset{|}{\underset{CH_3}{\bar{N}}} - CH_3$$

Wie bekommen wir das in unseren Schädel? Es fällt auf, dass sich der Lernstoff nicht nur nach rechts, sondern auch räumlich nach oben und unten ausbreitet. Das kennen wir ja – z. B. von Karten. Und auch die Buchstaben kommen so seltsam bekannt vor – klar, „CH" ist das Autokennzeichen für die Schweiz, „H" steht für Ungarn. Also, malen wir doch einfach eine Karte darum:

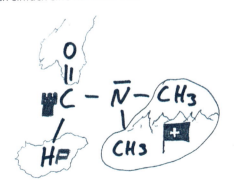

Das „N" scheint zentral zu sein, denn es hat einen Strich darüber. Was liegt einigermaßen in der Nähe der Schweiz? Nehmen wir Nürnberg. Nürnberg exportiert nun drei Gläser des Lösungsmittels an zwei Standorte in der Schweiz. Nürnberg selbst hat eine Städtepartnerschaft mit „C" – „Coburg" (ich male eine Burg, um das zu visualisieren). Coburg wiederum steht in engem Kontakt mit Ungarn (H). Dass Ungarn geografisch hier nicht ganz richtig ist, ist merk-würdig. Das „O" fehlt noch. Wofür steht das? Oslo! Schließlich ist es ein „polares" Lösungsmittel und Oslo liegt nahe am Polarkreis, daher deuten wir noch Skandinavien an. Oslo und Coburg wiederum stehen in sehr enger Beziehung, deswegen gibt es hier zwei Striche.

Biochemie (Hardcore)

Anna musste sich die „Carbaluminierungsreaktion" merken. Sie schnaufte genau so vor Frust, wie das Wort klingt. Doch es kommt noch besser. Die dazugehörige Formel lautet:

Zunächst ist wieder **Zerlegen und Vereinfachen** angezeigt. Das Sechseck links ist der Ausgangspunkt. In Verbindung mit dem AlR3 erfolgt dann → eine Reaktion, also das, was rechts von der Klammer steht. Die erste Erkenntnis: Was rechts steht, kennt sie eigentlich schon aus dem Vorjahr und kann es sich herleiten. Wenn sie sich nur den linken Teil merken könnte… Also gut, da sie auf den rechten Teil der Formel von alleine kommt, blenden wir diesen hier aus.

Aufgrund ihres **Vorwissens** war Anna zudem in der Lage, durch die Vorsilbe „Car" auf die Grundform, das Sechseck dieser Struktur, zu schließen. Auch das AlR3 bereitete ihr keine Sorgen. Alles was fehlte, war eine Verknüpfung des Wortes „Carbaluminierungsreaktion" mit der Formel. Vor allem dieser kleine senkrechte Strich im rechten Bereich des Sechsecks machte ihr Probleme.

Wir suchten nach Gemeinsamkeiten des Wortes mit der Formel. Und siehe da: Die ersten drei Kanten des Sechseckes haben eine „C"-Form und das AlR3 hat die markanten Buchstaben A + R → das ergibt schon mal das Car aus dem Wort. Was können wir aus dem Strich machen? Ein Tor! ... rief spontan eine Seminarteilnehmerin. Warum nicht? Also malen wir ein Netz. Dabei fällt auf, dass Car**bal** ja auch eine Assoziation zu „Ball" zulässt. Und wo geht der Ball hin? In die linke obere Ecke des Tors zum „Me"!

Meist reichen so wenige Anker bereits aus. In diesem Falle konnten alle Seminarteilnehmer die Formel nach der fünfminütigen Auseinandersetzung damit fehlerfrei wiedergeben. „Intensiv" heißt also nicht zwingend „lang". Nicht schlecht für solch ein Ungetüm, oder?

Zahlen: Wie Sherlock Holmes lernen würde

Um Zahlen kommt niemand herum. Allein im Alltag müssen wir uns Geburtstage, Handynummern, Passwörter etc. merken. Beginnen wir mit einer fiktiven Zahl: 0805280934569.

3) ZER-LE-GEN. In dieser Form geht das Monster gewiss nicht in unseren Kopf hinein. Oder hast du schon mal versucht, einen Lkw in einer Hausgarage zu parken? Zerlegen wir es:

08-05   28-09   3456-9

2) VER-KNÜPFEN. Die 08-05 könnte ein Datum sein. Zufällig hat eine Freundin am 8. Mai Geburtstag. Die 28-09 könnte bedeuten, dass sie 28 geworden ist und einen neunjährigen Sohn hat. Okay, meine Bekannte feiert also am 08.05. ihren 28. Geburtstag mit ihrem 9-jährigen Sohn. In der 3456 erkenne ich eine aufstrebende Reihenfolge. Und die 9 lässt sich mit der **3456** verbinden, denn die erste (3) + die letzte Ziffer (6) ergeben 9.

1) SINN. Die Zahl wirkt nicht mehr bedrohlich. Wir müssen uns nur noch zwei Dinge merken: Das Bild von der Freundin (28), die am 08.05. Geburtstag mit ihrem Kind (9) feiert, und das Muster **3456-9**. Keine Eselsbrücke für die Ewigkeit, aber wir können die Zahl einige Minuten im Gedächtnis parken. Will man sich die Zahlen langfristig merken, muss man sie lediglich wiederholen.

Muster und innere Logiken

Was hat das mit Sherlock Holmes zu tun? Nun, er löst seine Fälle, indem er analysiert, kombiniert und auf Details achtet. Diese verbindet er zu Mustern und kombiniert verschiedene Elemente seiner Beobachtungen. Wer wie Sherlock Holmes lernt, sucht **logische Verbindungen**. Der zweite Schritt unseres 3-2-1-Verfahrens „VER-KNÜPFUNG" wird hier nicht zwingend durch Visual Codes, sondern durch eine genaue Analyse erbracht. Probieren wir das noch mal mit der Ziffernfolge „2489635225".

3) ZER-LE-GEN + 2) VER-KNÜPFEN. Das Zerlegen richtet sich hier nach den Verbindungen, die man in der Zahl finden kann, die beiden Schritte finden hier also gleichzeitig statt:

2-4-8 (Zahlen verdoppeln sich hier)
9-6-3 (Zahlen werden um drei weniger)
52-25 (Eine gespiegelte 52)

1) SINN. Im Ergebnis habe ich die Zahl bewusst verarbeitet und merke mir drei „Informations-Chunks" 248 – 963 – 5225.

Du bist nun so weit, dir selbst „sinnlose" Fakten, Wörter und Zahlen zu merken – auch in Kombination. So könnte aus „OSL-MK 480" folgende Kodierung werden: **M**adonna-**K**onzert in **OSL**O: **4** Karten kosten **80** Euro.

Die besten Kniffe, um sich Zahlenreihen zu merken

Alter von Familien. Ich stelle mir gern eine Familie vor. Z. B.: 0163 7 36 32 98 → Dann merke ich mir: „E-plus (0163) und stelle mir eine siebenjährige Tochter, deren Eltern (Papa 36, Mama 32 Jahre) vor. Und die Uroma ist stolze 98 Jahre!"

Mit bekannten Fakten verbinden. Sportler nehmen gerne persönliche Rekorde und Laufzeiten, um sich Zahlen zu merken.

Persönlicher Bezug. 7. Oktober 1949: Jahrestag der DDR. Mein Geburtstag: 7. 4. 80 --> Genau 30,5 Jahre vor meinem Geburtstag wurde die DDR gegründet.

PIN. Zum Beispiel 3549. Verwende dafür einen Satz mit Wörtern entsprechender Länge: Die (3) Karte (5) wird (4) gesichert (9).

Telefontasten. Auch unser Bewegungssinn kann uns helfen:
„In der Schulzeit habe ich die Nachkommastellen von Pi in 3er-Blöcke aufgeteilt und auf meinem Ziffernblock immer wieder die entsprechenden Tasten gedrückt. Heute, vier Jahre später, kann ich immer noch die ersten 30 Nachkommastellen, da ich die Bewegungen noch im Kopf habe." (Matthias)

Definitionen und Paragrafen

Juristen haben ein besonderes Talent, einfache Dinge kompliziert auszudrücken. Klar, die Definitionen müssen präzise und allumfassend sein. Das soll dich aber nicht daran hindern, dir die Inhalte so plastisch und konkret wie möglich vorzustellen! Und immer wieder muss man sich trotz aller Logik und Rechtssystematik Unterpunkte oder Anwendungsgebiete eines Paragrafen oder einer Definition merken. Und so führt auch hier der Schritt zum Verständnis über die eingehende Analyse und über Assoziationen und Visual Codes. Ich arbeite mit den bereits besprochenen Techniken erfolgreich in meinem Lern-Seminar, das ich speziell für Juristen halte. Lass es uns mit ein paar Beispielen nachvollziehen...

Kodiere es mit einem Beispiel

Die sperrige Juristensprache erschwert den Durchblick ungemein – nicht durch Zufall müssen die Kollegen so viel büffeln. Zum Glück beziehen sich juristische Lerninhalte meist auf r e c h t konkrete Tatsachen, auf Dinge und Gegebenheiten, die im wahren Leben tatsächlich passieren können. So lassen sich viele Begriffe gut an einem konkreten Anwendungsbeispiel visualisieren, welches die Sache, Definition oder den Paragrafen besonders gut charakterisiert. Male dir dazu eine kleine Erinnerungsstütze, wie hier bei der „culpa in contrahendo". Das ist ein vorvertragliches Schuldverhältnis, welches beim Ladenbesitzer durch Verletzung von Sorgfaltspflichten entsteht, wenn z. B. sein Gast auf einer Bananenschale ausrutscht.

Culpa in contrahendo

Erfinde eine kleine Geschichte

Eine **Verfügung** kann aus einer *Aufhebung, Übertragung, Belastung* oder *Veränderung* bestehen. Diese vier Möglichkeiten lassen sich mit folgendem Merksatz veranschaulichen:

Nach der Hochzeitsfeier **hebt** der Bräutigam die Braut **auf**, **trägt** sie **über** die Schwelle, worauf diese im Bett von ihm **belastet** und inhaltlich **verändert** (schwanger) wird.

Finde Visual Codes für Unterpunkte

Auch die Technik von Seite 163 funktioniert super zuverlässig. Oft gibt es für Paragrafen verschiedene Unterpunkte oder Bedingungen, die man kennen sollte. Z. B. gibt es fünf Fälle der „Kausalität", die wir ebenso leicht kodieren können:

1. Äqui-valenz-theorie: Das erste Teilwort „Äqui" klingt für mich ein wenig wie „Äquator". Ich male eine Weltkugel mit einem Gleichheitszeichen (Äquivalenz heißt so viel wie „ist gleich").

2. Die alternative Kausalität wird zu einem Punk.

Kausalität

1. Äquivalenztheorie
2. Alternative Kausalität
3. Hypothetische Kausalität
4. Abgebrochene Kausalität
5. Kumulative Kausalität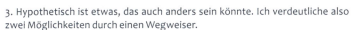

3. Hypothetisch ist etwas, das auch anders sein könnte. Ich verdeutliche also zwei Möglichkeiten durch einen Wegweiser.

4. Die abgebrochene Kausalität wird zu einem abgebrochenen Baum.

5. Die kumulative Kausalität erinnert mich an ein Umsatz-Chart, bei dem sich die Gewinne immer weiter kumulieren.

> **Linktipp: Lern-Rap.** Ein engagierter Jura-Professor aus Köln überlegte, wie er seinen Studierenden die Inhalte gehirn-gerechter vermitteln könnte. Herausgekommen ist ein Paragrafen-Rap: Den findest du bei YouTube unter „§ 823 Rap, Prof. Berger, Uni Köln". Ey Alter, zieh dir das rein, Mann!

Diagramme, Grafiken und Modelle

Schaubilder und Diagramme sollten ja eigentlich „anschaulich" sein – meist sind darauf dennoch nur leblose Stichwörter ...

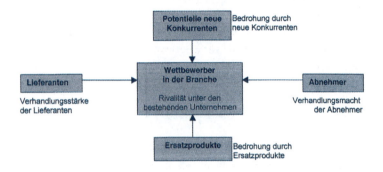

Klingt irgendwie nach „gähn!", oder? Schon beim Lesen muss man dreimal drüber nachdenken und in einer Prüfungssituation ist es wahrscheinlich, dass mir etwas entfällt. Deswegen zeichne ich lieber fünf visuelle Codes als Erinnerungshilfen.

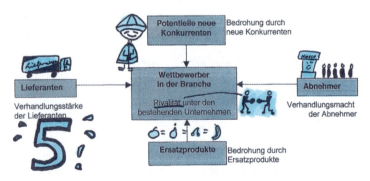

Ein besonders schwieriger und abstrakter Fall

Eine Chemie-Studentin musste sich 3D-Modelle von Molekülverbindungen merken und war dem Verzweifeln nahe. Aber auch hier können wir die Komplexität beherrschen, indem wir große Brocken zunächst in kleine Teile zerlegen, diese analysieren und zum Schluss wieder zusammensetzen:

3) ZER–LE–GEN. Ich teile das Ungetüm in drei sechseckige Flächen.

2) VER–KNÜPFEN. Ich schlage nach und sehe: „Hexa" steht für „6". Dann schaue ich mir das schwarz unterlegte Objekt an und assoziiere damit eine Sanduhr, die einen Hula-Hoop-Reifen um den Bauch hat. Ungewöhnlich für eine Sanduhr, aber das ist eben eine spezielle Designer-Sanduhr, die 6.000 Euro gekostet hat (6.000 als zusätzliche Assoziation zum „hexa").

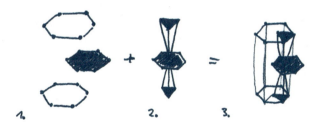

1) SINN. Nun setze ich die beiden Zeichnungen wieder zusammen und kann die beiden Figuren nun aus dem Kopf nachzeichnen. Die Resultate sind immer wieder erstaunlich: Die Studentin, die eigentlich den fachlichen Hintergrund hatte, konnte sich die Molekülverbindung selbst nach mehreren Wiederholungen nicht einprägen. Durch die Methode der Assoziationen haben das alle Seminarteilnehmer in drei Minuten nahezu fehlerfrei geschafft.

Checkliste

Wie finde ich schnell Visual Codes?

1. Spontane **Bilder**: Frage dich: „Was sehe ich?", „Was höre ich?" bzw. „Woran erinnert mich das Wort/die Silbe?"

2. Suche **Symbole** und **Stellvertreter**: Was kann den Begriff symbolisieren? Gibt es ein Beispiel oder einen Teilaspekt, der als Merkhilfe dienen kann? Vielleicht ziehst du einfach mal die Bildsuche einer Internetsuchmaschine zu Rate.

3. **Analysiere**: Wenn dir nichts zu dem Wort einfällt, schlag es nach: Wo kommt das Wort/der Wortstamm her? Wer hat das Konzept erfunden? Ist da ein nettes Bild oder eine Merk-würdigkeit dabei?

4. Wenn du partout nichts Passendes findest, male das Wort, gestalte es in **Graffiti-Schrift**, lass kleine Figuren darauf tanzen. Alles Kreative ist erlaubt! Das fördert das bewusste Verarbeiten der Buchstaben und des Wortes – so prägt es sich besser ein!

5. Denke dran: Je größer, **bunter** und emotionaler das Bild, desto besser. Ebenso sind Interaktionen zwischen Einzelbildern einprägsamer!

Malen nach Zahlen: Inspirationen für Visual Codes

Theorie

Methode

Wichtig

Konstruiert

Ursache – Wirkung

Fleißig

Ergebnis

Problem, Unsicherheit

Nachricht

Idee

7
Die letzten Meter

Reduziere

Nun hast du das Material intensiv bearbeitet. Jetzt gilt es, das Wesentliche
im Blick zu behalten. Vieles muss nicht
wiederholt werden, wenn es einmal begriffen wurde. Wir benötigen lediglich
Stichworte, um uns an wichtige Punkte
zu erinnern oder einen Leitfaden, der
uns durch die Klausur, mündliche Prüfung oder unser Referat führt. Durch Verdichtung des Stoffs können wir den
Wiederholungsaufwand senken, das Wichtigste im Blick
behalten und mehr Klarheit und Zuversicht schaffen.

Zentrale Fragen

· Warum ist Vergessen nützlich?
· Wie kann ich meine Zusammenfassungen kürzen?
· Wie bringe ich das Wesentliche auf den Punkt?

Was tun, wenn dich dein perfektes Gedächtnis verfolgt?

Der russische Journalist Solomon Shereshevsky bekam eines Tages Ärger: Sein Chef war erbost, dass Solomon sich nie Notizen machte. Der schüchterne Solomon erwiderte, dass er nicht verstehe, wozu Notizen gut seien. In der Diskussion verblüffte er den Chef mit Details und Redebeiträgen aller Meetings, die er wortwörtlich rezitieren konnte. Sein Chef stellte Solomon einem Psychologen vor. Dieser erforschte die 500-GB-Festplatte auf zwei Beinen: Solomon konnte Zahlenfolgen bis zu 70 Zahlen fehlerfrei wiedergeben. Und zum Spaß wiederholte er die Zahlen fehlerfrei rückwärts. Unglaublich! Auch 15 Jahre später erinnerte er sich an die Zahlen.

Neidisch? Erscheint es nicht reizvoll, sich *alles* merken zu können? Allerdings hatte die Sache einen Haken: Jede Erinnerung und alle Alltagsszenen waren unauslöschlich in Solomons Gedächtnis gespeichert. Er hatte Schwierigkeiten, mit der Informationsflut umzugehen, weil er *alles* bis ins letzte Detail gespeichert hatte. So erkannte er Personen nicht wieder, die nun anders gekleidet oder gealtert waren – ihm fehlte das Abstraktionsvermögen. Er konnte Fakten nicht kombinieren oder verdichten. Kritisches, distanziertes Denken blieb ihm verwehrt. Er war furchtsam und machte auf andere einen unbeholfenen und geistig schwachen Eindruck. Er probierte unzählige Jobs, doch fand er keinen, der ihn wirklich forderte.

Stell dir vor, du würdest alles, was du wahrnimmst, nie mehr vergessen: deine schlechte Laune beim Aufstehen, die Schreckensmeldungen aus der Morgenzeitung, die Werbespots aus dem Frühstücksradio, das Getratsche der Mitfahrer im Bus, deine missglückten Lösungsversuche für eine Mathe-Aufgabe, den Streit mit dem Freund, die vielen Gesichter, Details, Stimmen, Zahlen, Statistiken, Wörter, Gerüche, Bilder... Arrgh, was für ein Wirrwarr!

Vergessen gehört zum Lernprozess, weil es Wich
tigem trennt. Nur wollen wir das Vergessen geziel
tizen, Skripte und Folien binden Energie. Sie rufe
mich! Lerne mich! Verstehe mich! Das nervt und macht
zierst du den Stoff bewusst, hat das klare Vorteile:

1. Man muss weniger Punkte beachten.

2. Komplexität wird reduziert und Ballast abgeworfen.

3. Das Ziel erscheint näher, die Motivation steigt.

4. Die Aufmerksamkeit wird auf die wichtigen Dinge gelenkt.

5. Zusammenhänge werden leichter sichtbar.

6. Wir behalten den Überblick und gewinnen mehr Sicherheit.

7. Prüfungsangst wird enorm reduziert.

Nachdem wir uns einen guten Überblick verschafft haben, um die Lerninhalte besser einordnen zu können und um uns nicht zu verzetteln, haben wir die Informationen intensiv be- und verarbeitet. Der zeitliche Aufwand und die Intensität der Verarbeitung waren hier am größten. Nun wird unser Diamant wieder schmaler. Die wichtigsten Erkenntnisse, Fakten und Zusammenhänge werden komprimiert und auf den Punkt gebracht. Am Ende hast du nun nur noch wenige Seiten, Checklisten, Mindmaps, Lernbilder oder was am besten zu dir und der nahenden Prüfung passt. Übersichtlich, strukturiert, kodiert, komprimiert: perfekt!

...n Zeilen sind besser als zehn Seiten

Die Reduktion beginnt bereits bei der Erarbeitung der Inhalte. Daher ist es wichtig, bei jedem Text und für jede Folie das Global Picture zu suchen, ein kurzes Schema zu erstellen, zentrale Erkenntnisse festzuhalten. Integriere Informationen, bilde dir eine Meinung, ziehe ein Fazit. Dieses darf vereinfachend und unvollständig sein. Denn nun ist er ausgeworfen, der erste Anker, an dem weitere Details festgemacht werden können.

Die einfachste Methode dafür: Schreibe nach jeder Lektüre oder jedem Vortrag ein kurzes **„Persönliches Fazit"**. Schreibe auf das Deckblatt in wenigen Sätzen dein persönliches Resümee – das, was du gelernt hast, oder die Kernbotschaft des Textes:

> **Fazit:** *„Autor" hat mir gezeigt, dass man mehr auf die Belange des Kunden schauen muss und sich von den Zwängen der Routine befreien sollte. Sein Hauptargument dafür ist, dass die langfristige Kundenorientierung durch Wiederkäufe und Empfehlungen mehr Erfolg bringt als kurzfristiges Renditedenken.*

> **Kritik:** *Das Argument von X ist Y – und er begründet das mit A, B und C. Doch ich glaube, er übersieht D und E und bewertet die Effekte von A und B zu stark. Lediglich C finde ich beachtenswert, denn er zeigt, dass sich C im Szenario Z negativ auswirken wird.*

Ein großer Vorteil dieser Methode ist, dass man beim wiederholten Lesen einen schnellen **Anknüpfungspunkt** an den jetzigen Gedankengang findet. Gedanken sind leider sehr flüchtig und ich selbst habe einige Male einen Text mehrfach gelesen und dies erst am Ende bemerkt! Handelt es sich um Handouts, so schreibe die Kernpunkte der Folien direkt darunter. Was war der Aha-Effekt? Warum brauchen wir diese Theorie?

Durch Storytelling zur Erinnerung

Wir haben das Storytelling schon beim Kodieren angewandt. Diese Universalmethode hilft auch beim Reduzieren. Märchen und Erzählungen waren bereits lange vor dem Buchdruck *die* Methode, um Erlebnisse und Wissen weiterzugeben. Geschichten sind gut zu merken. Sie sind spannend und unterhaltsam. Einzelne Fakten werden verknüpft und zu einer Handlung verdichtet.

Unser Gedächtnis kann sich Außergewöhnliches gut merken. Nutze diese Erkenntnis beim Erfinden deiner Lern-Geschichten. Bereit? Beginnen wir mit einer Politikgeschichte: Wie hießen die letzten sechs US-Präsidenten vor Obama? Gerald Ford, Jimmy Carter, Ronald Reagan, George Bush, Bill Clinton, George W. Bush, Barack Obama. Nun verknüpfen wir Namen:

> *Rasant* auf der Flucht in einem **Ford** jagt der abge**kartete** *Bankräuber* Jimmy durch den *strömenden* **Reagan.** *Plötzlich springt* der *Sheriff* **Bill Clinton** zwischen **zwei Büschen** hervor. **O Barmh**erziger! Ein Hinterhalt. Das Spiel ist aus!

Voilà: Alle sieben sind in der richtigen Reihenfolge verortet. Die kursiv gedruckten Wörter: „Bankräuber", „fährt rasant", „strömenden", „plötzlich springt" und „Sheriff" machen die Geschichte lebhafter, plastischer und bildlicher. Man kann sich besser einen abgekarteten Bankräuber vorstellen, sieht, wie das Wasser aus den Pfützen spritzt und wie Bill Clinton mit einem Cowboyhut hinter den beiden Büschen hervorspringt.

Diese Methode eignet sich besonders, wenn wir unverbundene Tatsachen pauken müssen. Nur lassen sich Namen, Begriffe und Fakten ohne Zusammenhang schlecht einprägen. Wir müssen die fehlende Verbindung entweder logisch nachvollziehen oder durch eine Geschichte künstlich herstellen. Dazu gibt es wissenschaftliche Beweise. Schüler sollten neue Wörter lernen. Die erste Gruppe las lediglich die Wörter, die zweite bildete ganze Sätze und kleine Geschichten aus den neuen Begriffen und lernte so 2,5 Mal so viele Wörter. Fantasie zahlt sich aus!

Warnung: Nun wird es etwas eklig und surreal. Bevor du die Nase rümpfst, bedenke, dass die Lernleistung mit der Stärke der Emotionen ansteigt. Es geht um Künstler des 19. Jahrhunderts ...

> **Cäsar** (*Cezanne*) braucht **Geld** (*Monet*), steigt deswegen in seinen **Renault** (*Renoir*) und fährt durch den **Dreck** (*Toulouse-Lautrec*), in dem das **Ohr** von *van Gogh* liegt. Dieser wird auf Erholungsurlaub in die **Südsee** geschickt. Dort trifft er *Gauguin*. Dieser zeigt ihm die schönen, etwas dickeren Südseefrauen, aber mahnt zur Vorsicht, denn es gibt auf den Inseln kein **Pissoir** (*Picasso*). Darauf verteilt er seine **säurehaltige** (*Seurat*) Flüssigkeit aus Versehen auf seinem **Mantel** (*Manet*).

Hier dienen die Wörter (Cäsar, Renault) als akustische oder assoziative (Geld = Money = Monet) Verweise zu den Malern. Einige Fakten sind ebenfalls verarbeitet, z. B. dass Gauguin tatsächlich in die Südsee auswanderte und beleibte Frauen malte und dass van Gogh sich ein Ohr abschnitt. „Zufällig" fährt Monet mit einem Renault. Und kamen Gauguin, Monet, Manet, Toulouse-Lautrec und Seurat nicht auch aus Frankreich? Zugegeben: Die ganze Geschichte ist irreal. Genau das aber bringt den Verdienst dieser Künstler auf den Punkt: Sie waren es, die sich vom Gegenständlichen der Kunst lösten und die Welt mit ihren Augen zeichneten!

Zugegeben: Das blutende Ohr in der Pfütze und der Urin auf dem Mantel sind eklig. Aber was ist Ekel? Eine starke Emotion, die sich im Kopf festsetzt! Du kommst ja nicht in die Verlegenheit (so wie ich gerade), deine Gedanken öffentlich auszudrücken.

 Geschichten sollten so lebendig und auffällig wie möglich sein. Setze Humor ein, übertreibe.

Schlüsselwörter als geistige Klammer

Schlüsselwörter sind der Zugang zu vielen mit ihnen verknüpften Informationen. Das Wort „Sofa" hat weit mehr Informationsgehalt als die Zeichen „S, o, f, a": Wir denken an verschiedene Sofa-Formen, an unsere Couch im Wohnzimmer, an die Dinge, die wir dort erlebt haben, wie wir das Sofa erworben haben, was es gekostet hat etc. Ein ganzes Netzwerk öffnet sich – wir könnten zehn Minuten über Sofas sprechen. Ähnlich verhält es sich mit Fachbegriffen. Wenn ich mir „kognitive Dissonanz" merke, denke ich automatisch an gelernte Details: an den Unterschied von Denken und Handeln, an die Selbsttäuschung und an konkrete Beispiele, die ich erlebt habe. Schlüsselwörter schaffen einen Zugang zu Informationsräumen. Wir müssen uns nur diese Wörter merken, dann kommen die Details wie von allein.

Schlüsselwörter kann man ganz einfach selbst schaffen, indem man bspw. aus den Anfangsbuchstaben der Wörter „Akronyme" bildet:

- Fettlösliche Vitamine – Vitamin E / D / K / A: **EDEKA**

Oder man verdichtet Fakten zu einem Schlüsselsatz:

- Die Planeten in der richtigen Reihenfolge: Merkur, Venus, Erde, Mars, Jupiter, Saturn, Uranus, Neptun, Pluto: **M**ein **V**ater **E**rklärt **M**ir **J**eden **S**onntag **U**nsere **N**eun **P**laneten

- Reihenfolge der Erdzeitalter: Kambrium, Silur, Devon, Karbon, Perm: **K**ann **S**iegfried **D**en **K**affee **P**flanzen?

- Phasen der Zellteilung: 1. Prophase, 2. Metaphase 3. Anaphase 4. Telophase: **ProMet**eus **An**s **Tel**efon

> **Linktipp:** Wikipedia bietet eine wunderbare Sammlung aller möglichen Merksätze für verschiedene Fächer: http://de.wikipedia.org/wiki/Merksätze

Prüfungsvorbereitung to go

Wer noch nie ein bestimmtes Gericht gekocht hat, braucht ewig, um die Zutaten zusammenzusammeln, muss beim Zubereiten öfter nachschauen und ist unsicher, ob es überhaupt gelingt. Haben wir vorher alles ordentlich zurechtgelegt, ist Kochen hingegen kinderleicht. Beim Lernen ist das nicht anders: **Je ähnlicher sich die Aufbereitung des Lernstoffs am Prüfungsablauf orientiert, desto leichter ist der Abruf.**

Strukturtabellen für Vergleiche

Ganz typische Klausurfragen sind: „*Vergleiche X mit Y.*", „*Theorie A und B sind gegensätzlich. Diskutiere!*", „*Was sind die Unterschiede von C und D?*" Wenn Konzepte anhand bestimmter Kriterien bewertet und verglichen werden sollen, sind Tabellen ein bewährtes Mittel zur Vorbereitung. Trage die Themen in eine Tabelle ein und untergliedere anhand zentraler Aspekte:

	Thema / Theorie 1	Thema / Theorie 2
Hintergründe	• Urheber der Theorie • Grundannahmen • etc.	• Urheber der Theorie • Grundannahmen • etc.
Gemeinsamkeiten	• Aspekt 1 • Aspekt 2 • Aspekt 3 • etc.	
Unterschiede	• Aspekt 4 • Aspekt 5 • etc.	• Aspekt 6 • Aspekt 7 • etc.
Weiteres	• Interessante Frage • Anwendungsbeispiel • ...	• Interessantes Detail • Anwendungsbeispiel • ...

Diese übersichtliche Aufbereitung hat einige **Vorteile**:

- Man filtert Informationen zielgerichtet und selektiv.
- Zentrale Kriterien des Stoffs werden herausgearbeitet.
- Man sieht, was man verstanden hat.
- Man vergisst keinen wichtigen Punkt.

Im Beispiel von Seite 39 haben wir gesehen, dass bei den Statistikaufgaben der vergangenen Jahre der Dozent immer einen Vergleich der beiden Forschungsparadigmen (quantitativ vs. qualitativ) sehen wollte. Deswegen begann meine Tabelle so:

	Quantitative Forschung	**Qualitative Forschung**
Grundannahmen	Distanz des Forschers zum Projekt, Objektivität durch standardisierte Verfahren und statistische Tests	Subjektiver Betrachtungswinkel, Autorität der Aussagen kommt von der Tiefe und Vernetzung des erworbenen Wissens
Methoden	• Fragebogen-Erhebung • Experimente	• Beobachtungen • ethnographische Studien • Fokusgruppen • Interviews • Diskursanalyse
Auswahl der Teilnehmer (Sampling)	Zufalls-Auswahl von Teilnehmern, evtl. repräsentativ; Kontrollgruppen bei Experimenten	Auswahl von passenden Teilnehmern, die zur Klärung der Fragestellung beitragen können
Sample-Größe	Groß. Je nach Untersuchung und Testverfahren, bei t-test 25–30 Teilnehmer pro Gruppe	Klein. Interviewt wird so lange, bis Erkenntnisgewinn „erschöpft" ist (liegt im Ermessen des Forschers)

Tom bereitete sich für eine Linguistik-Klausur (Sprachlehre) vor. Er identifizierte die drei zentralen Aspekte der Sprache, bildete eine Tabelle und suchte dann die wichtigsten Autoren heraus, um deren wesentliche Gedanken einzutragen.

Autoren	**Sprache als Kommunikation**	**Sprache als Kulturtechnik**	**Sprache als Symbol**
Platon	• **Aspekt 1** • Aspekt 2 • Aspekt 3	• Keine Aussage	• Aspekt 1 • Aspekt 2
Sokrates	• Aspekt 1	• Aspekt 1 • Aspekt 2	• **Aspekt 1** • Aspekt 2
Saussure	• **Aspekt 1** • Aspekt 2	• Aspekt 1	• Aspekt 1 • Aspekt 2 • Aspekt 3

Tom erkannte beim Ausfüllen der Tabelle, wer welche Schwerpunkte setzte und wer sich gar nicht mit einem Aspekt beschäftigte. Er bereitete den Stoff übersichtlich auf *und* gewann dabei neue Erkenntnisse auf einer übergeordneten Ebene. Darauf konnte er nun aufbauen und weiterdenken, z. B. warum ein Aspekt in einer bestimmten Epoche eher wichtig oder unwichtig war. Mit diesem einfachen Handwerkszeug kann er nun mitreden und eigene, gewichtende Aussagen begründen:

⭐ **„Während Platon den Grundstein der Semiotik legte, indem er die kommunikative Funktion der Sprache erstmals herausarbeitete, betonte sein Schüler Sokrates die Symbolfunktion der Sprache. Dies griff später Saussure auf, indem er Sprache als XY dachte ...“**
(fiktives Fazit)

So wird die Instant-Wissenstabelle zubereitet:

1. Überlege, welche Themen du vergleichen willst. Trage diese als Spaltenüberschrift oben in die Tabelle ein.

2. Bestimme die Kriterien, die klausurrelevant sind und / oder das Thema am besten beschreiben und abgrenzen, z. B.:

   - **Herkunft** der Theorie, des Konzepts, Jahr, Urheber
   - **Grundannahmen**, zugrundeliegende Weltanschauung
   - **zentrale Aussagen** und Fragen
   - **Voraussetzungen** zur Anwendung der Sache
   - **Gemeinsamkeiten** zwischen den Konzepten
   - **Unterschiede**, Besonderheiten der einzelnen Themen
   - **positive Aspekte** der jeweiligen Theorie
   - **negative Aspekte** in bestimmten Situationen
   - **wichtige Forscher**, Autoren, Variationen
   - **Prozesse**: Wie funktioniert die Sache? Evtl. mit Skizze.
   - **Weiteres**, interessante Punkte / Details

3. Nun bereite den Stoff auf. Ziehe ein Fazit oder gib eine Einschätzung in zwei Sätzen. Wo ergaben sich neue Erkenntnisse? Koloriere, markiere, hebe zentrale Punkte hervor. Finde passende Visualisierungen.

Checklisten für Prozesse und Analysen

In technischen Fächern gibt es gewisse Abfolgen und Verfahrensmuster. Oder eine juristische Anspruchsgrundlage muss nach einem bestimmten Schema geprüft werden. In diesem Fall sind Checklisten das Mittel der Wahl. Nehmen wir noch ein Beispiel aus dem unliebsamen Fach Statistik:

> **Mittelwertvergleiche – Checkliste für die Prozedur:**
>
> **Der Test an sich:**
> - Formulieren der Hypothesen H0 und Ha
> - Test wählen, je nach Skalen-Niveau: X^2 oder t-test
>
> **Berichten des Ergebnisses:**
> - Welcher statistische Test wird benutzt?
> - Wahrscheinlichkeitswert „p" angeben
> - Sagen, dass H0 angenommen oder verworfen wurde
> - Signifikanz-Level (z. B. 95 Prozent) angeben
> - Die Bedeutung der Ergebnisse in Worten ausdrücken
> - Eventuelle Konfidenzintervalle (+/- 20 Prozent) berichten
> - Punkt 1–6 in einem Antwortsatz formulieren

Visual Codes für Fakten

Für abfrage- und faktenorientierte Prüfungen sind Visual Codes, wie auf Seite 163 beschrieben, bestens geeignet.

Strukturkarten für mündliche Prüfungen

Typischerweise geht es in mündlichen Prüfungen darum, Wissen schnell und flexibel auf neue Fragen anzuwenden und die Querverbindungen und Zusammenhänge nicht aus den Augen zu verlieren. Hier sind Strukturkarten wahrscheinlich die beste Form, das Wichtigste noch einmal herauszuarbeiten.

Argumentationslogiken

„Argumentiere", „Diskutiere", „Erkläre" sind weitere beliebte Aufgabenstellungen. Lege dir dafür eine Argumentationslogik zurecht, z. B. in Form eines Schemas, das flexibel anpassbar ist:

Einleitung: Zitate, Fakten, Probleme
Absatz 1: Pro / Positive Aspekte des Themas
    Kerntext 1 / Autor 1 / Theorie A
    Kerntext / Autor 2 / Theorie B
Absatz 2: Kontra / Negative Aspekte des Themas
    Kerntext 3 / Autor 3 / Theorie C
    Kerntext 4 / Autor 4 / Theorie D
Absatz 3: Eigene Meinung/Interpretation
    Argument 1 + Argumente dafür
    Argument 2 + Begründungen
Fazit: Synthese der Diskussion mit eigenem Standpunkt

In England mussten wir Essays als „Klausuren" schreiben. Dafür suchte ich nach Grundkonflikten und zentralen Fragen und bereitete die Argumentation für jedes Thema vor. Hier ist ein Beispiel:

Attitudes: Does Fishbein and Ajzen's theory of reasoned action suceed in closing the gap between attitudets and behaviour?

Intro
- Definiton: evaluative **judgement** twoards object/person, ABC components
- **central** concept ≈ applications marketing, public opion research, social surveys
- **Goal**: predict human behaviour – influnec and change attibues – behaviour; e.g. social & health marketing
- **debate**: does attitude influence behaviour or not?

Problems with attitudes: individuation of att has limeted its usefuiness
- gap btw att & behaviour → crisies of prediction (Wicker)
- very litle research in **field** settings
- not accounted cultural factors
- multitude of concepts

History of attitude research and the crises
- (mis-)understood as individual, stable and merely cognitive phenomenon
- mostly **uni-dimensional**: everything was considered as indications of attitudes: beliefs, intentions, feelings, sometimes actions → att as behaviour **dispositions**
- **Allport (1950)**: attitudes as individual passions, „mental triggers of action" – projectile model"
- **1934 Lapiere**: Nearly every hotel manager who said that they would not actually did rent a room
- **Wicker (1969)**: Meta-Review of attitude research-low correlations – end?

➡ **Theory of reasoned action (TRA) as reponse**
- Aim of theory
  - predict and account behaviour with relatively **small number** of concepts: beliefs, attitude, intentention and behavior
  - **variety of applications: not restricted to specitvic behavioural doman** – designed „to explain virtually any human behavior" –
- Model:
  - **Attitude** = salient belief strength + ist evaluation; measured on Likert
  - **Subjective Norm**: Perception of significant person's evaluation + motivation to comply
  - **Intention** = probability as reted by the subject that he will perform the behavior (variables not included in model can affect intetion – e.g. traits
  - $B = I = A*w1 + Sn*w2$

☺ **Positive**
- Social context: but preferences now seen in either suspected or constrained by social influence
- Good correlations: woman taking pills 93% acted according to the action – r≈.85

☹ **Negative**
- price: **to specific**; Bsp: DVD rentals According to A&F ?? limeted by „correspondence" of action, target, context and time – **limited** scope

Conclusion
- Human are rational and make systematic use of the information
- People think through implication of their actions bevor engage in behaviour

Die Survival-Zusammenfassung

Zusammenfassen kostet Zeit und Mühe, man ist gezwungen, sich zu fokussieren. Man geht mit einer anderen Geisteshaltung heran, ist kritischer beim Auswählen und muss den Inhalt verständlich wiedergeben. Zusammenfassen an sich ist also hilfreich. Vielleicht kennst du das: Das Erstellen eines Spickzettels macht diesen überflüssig.

Wie viel zusammenfassen?

Es gibt kein Patentrezept, aber zumindest Orientierungspunkte.

Faustregel 1. Die Art der Zusammenfassung ergibt sich durch die Art der Prüfung. Für eine faktenlastige Prüfung musst du mehr Details notieren als für eine mündliche Prüfung.

Faustregel 2. Je umfangreicher das Material, desto stärker sollte die Komprimierung sein. 1000 Seiten kann man nicht im Detail wiedergeben. 100 Seiten Zusammenfassung wären sicher zu viel, 10 vermutlich zu wenig. 25 Seiten klingen hier vernünftig.

Faustregel 3. Naturwissenschaftliche Fächer kommen bspw. mit weniger Text aus, weil Formeln zentrale Konzepte verdichten. Die Logik steht im Vordergrund, hier würde man sich mit zu viel Text von der eigentlichen Gedankenarbeit ablenken.

Faustregel 4. Je verständnisorientierter die Prüfung und je umfangreicher der Stoff, desto wichtiger werden Mindmaps, Strukturkarten und Strukturtabellen.

Faustregel 5. Hast du das Gefühl, zu viel Stoff und zu wenig Zeit zur Wiederholung zu haben, komprimierst du nicht genug.

Faustregel 6. Bei anderen fällt ein objektiver Blick leichter als bei sich selbst. Vergleiche daher deine Zusammenfassung mit denen deiner Freunde. Was finden sie relevant? Was nicht?

Sammle allen Stoff in einer Masterzusammenfassung

Wie viel ist ...

$890 \text{ m} + 10 \text{ km} + 0{,}045 \text{ km} + 2339 \text{ cm} = ?$

Raucht es? Infos aus verschiedenen Quellen merken und im Kopf integrieren fällt nicht leicht. Die Forschung nennt das „Split-Attention-Effekt": Die Infoverarbeitung aus verschiedenen Quellen ist schwerer als wenn man alles in einem Medium hat. Nehmen wir dieselbe Aufgabe in einer anderen Darstellung:

$$
\begin{array}{r l}
10.000 & \text{m} \\
+\ 890 & \text{m} \\
+\ 45 & \text{m} \\
+\ 23{,}39 & \text{m} \\
\hline
=
\end{array}
$$

Nun ist die Bearbeitung spürbar einfacher. Ebenso hat sich bewährt, alle Quellen in eine Zusammenfassung, eine Datei oder einen Ordner zu integrieren. Die Umstellung auf andere Medien entfällt, das Thema erscheint kompakter.

Schritt 1: Sammeln

Übertrage alle Mitschriften in eine Datei bzw. sammele Notizen, Kopien, Vorlesungsfolien in einem Ordner. Sortiere das Material nach Themen bzw. Prüfungsblöcken gemäß deinem Progress-o-Meter.

Schritt 2: Aufarbeiten

Sortiere nun ähnliche Informationen zueinander. Kannst du etwas löschen, weil es doppelt ist? Lassen sich Notizen verbinden, weil diese inhaltlich zusammenpassen? Auf dem Papier eignen sich Linien und Pfeile, mit denen du die Notizen verknüpfst.

Das Ergebnis ist eine „Master-Zusammenfassung". Hier sind doppelte und widersprüchliche Dinge eliminiert und geklärt. Das macht die Sache klarer. Einige arbeiten ihre Lernmaterialien auf die Art schon recht gut heraus. Doch der nächste Schritt ist etwas radikaler: Erstelle zum Schluss eine Zusammenfassung von der Zusammenfassung **auf nur einer Seite**! Diese extreme Verdichtung fordert dich noch mal, das wirklich Wichtige zu bestimmen und einen klaren roten Faden herauszuarbeiten. Mut zur Lücke und Fokussierung sind gefragt! An dieser Stelle musst du dich um Details nicht mehr sorgen – durch die erfolgte intensive Verarbeitung kommen diese schon ins Bewusstsein, sobald du nur an die Oberpunkte denkst. Damit ist diese „Survival-Summary" dein Sicherheitsanker für die Prüfung! Willst du es gleich probieren?

Schritt 3: Kernfakten

Reduziere die wichtigsten Punk-te eines Themas auf einer Seite. Es sollten drei bis fünf Blöcke mit den Kernfakten und Argumenten sein.

Noch fehlen strukturelle und optische Erinnerungshilfen. Deswegen folgt nun ...

Schritt 4: Struktur schaffen

SYMBOLISCHER INTERAKTIONISMUS

1) Grundelemente menschlicher Kommunikation

- spezifisch für mensch. Kommunikation: symbolisch vermittelt
- signifikantes Symbol: Voraussetzung für Kommunikation und Denken : Sprache!
- Rollenübernahme/Perspektivenwechsel => löst Problem, wie Menschen sich im Alltag verständigen
- sprachliche Kommunikation impliziert, Sinn ist intersubjektiv hergestellt (in Interaktion)

2) Entwicklung der Identität

- Identität bei Mead = Selbst-Bewusstsein: Sich-zu-sich-Verhalten
- Gesell. Voraussetzung von Id.: Sprache => Rollenübernahme
- Id. ist sprachlich konstruiert; Denken (nach innen verlegte Kommunikation) ist Voraussetzung für Rollenübernahme
- Phasen der Identität: I (individueller Teil, Innovation: Gegenwart) und Me (sozialer Teil, Vergangenheit/Biographie)
- Entwicklungsstufen der Id.: play (Rolle signifikanter Anderer nacheinander übernommen) und game (Rollen des generalisierten Anderen gleichzeitig übernommen)

3) Prämissen des Symbolischen Interaktionismus

- Menschen handeln Dingen gegenüber der Bedeutung, die sie für sie haben
- Bedeutung resultiert aus sozialen Interaktionen (ist soz. Produkt)
- Bedeutung ist Ergebnis eines Interpretationsprozesses

4) Kernvorstellungen des Symbol. Interaktionismus

- Gesellschaft besteht aus handelnden Menschen
- G. besteht aus Menschen, die miteinander interagieren
- Welten der Menschen bestehen aus Objekten
- Mensch = handelnder Organismus -> hat ein Selbst
- Menschen handeln, indem sie Objekte interpretieren
- Gemeinsames/soziales Handeln = Verkettung von Handlungen

Verdeutliche **Inhaltsblöcke**. Oft sind Themen nochmals unterteilt. Trenne diese Sinneinheiten mit gestrichelten Linien oder wie hier mit Leerzeilen ab.

Bringe die **Hierarchie** zum Ausdruck: Fette Überschriften, markiere zentrale Begriffe. Reduziere die Schriftgröße für Details, mache diese kursiv oder rücke sie ein.

Schritt 5: Kodieren

4 Kernpunkte zum symbolischen Interaktionismus:

1. Grundelemente menschlicher Kommunikation: RS³

- **Rollenübernahme/Perspektivwechsel** => löst Problem, wie Menschen sich im Alltag verständigen
- **Spezifisch** für mensch. Kommunikation: symbolisch vermittelt
- **Signifikantes** Symbol: Voraussetzung für Kommunikation und Denken!
- **Sprachliche** Kommunikation impliziert: Sinn ist intersubjektiv hergestellt (in Interaktion)

2. Entwicklung der Identität: I + ME vs. PLAY & GAME

- Mead's: **Identität = Selbst-Bewusstsein:** Sich-zu-sich-Verhalten,
- Gesell. Voraussetzung von Id.: **Sprache → Rollenübernahme**
- Identität ist sprachlich konstruiert: **Denken** (nach innen verlegte Kommunikation) ist Voraussetzung für Rollenübernahme
- Phasen der Identität:
  I (individueller Teil, Innovation, Gegenwart) &
  ME (sozialer Teil, Vergangenheit/Biographie)
- Entwicklungsstufen der Identität:
  PLAY (Rolle signifikanter Anderer nacheinander übernommen) &
  GAME (Rollen des generalisierten Anderen gleichzeitig übernommen)

3. Prämissen des Symbolischen Interaktionismus

- Menschen handeln Dingen gegenüber der **Bedeutung**, die sie für sie halten
- Bedeutung resultiert aus sozialen **Interaktionen** (ist soz. Produkt)
- Bedeutung ist Ergebnis eines **Interpretationsprozesses**
  → Interaktion + Interpretation = Bedeutung!

4. Kernvorstellungen des Symbolischen Interaktionismus

- **Gesellschaft** = handelnde Menschen, die miteinander interagieren
- **Welt** = Objekte (Welten der Menschen bestehen aus Objekten)
- **Mensch = handelnder Organismus** -> hat ein Selbst
- Menschen handeln durch **Interpretation** von Objekten
- Gemeinsames/soziales Handeln = **Verkettung** von Handlungen

---

Zücke den **Textmarker** und hebe Wesentliches hervor. Suche Bilder für wichtige Inhalte. Farben unterstützen, z.B. indem du Kernaussagen und Fazits mit rot markierst, Schlüsselwörter mit orange, Beispiele mit blau.

Des Weiteren habe ich hier die vier Unterpunkte des ersten Blocks (*Rollenübernahme, Spezifisch, Signifikantes Symbol, Sprachliche Kommunikation*) zum **Akronym „RS³"** verdichtet.

Die letzten Meter

Checkliste
für gute Zusammenfassungen

☐ Ist der Stoff in Themenblöcke geteilt?

☐ Sind die Blöcke klar durch Farben, Trennstriche etc. sichtbar?

☐ Verwendest du unterschiedliche Überschriftenebenen?
(max. drei genügen)

☐ Hast du eine Struktur in der Zusammenfassung?

☐ Verwendest du Bilder, Akronyme, Geschichten,
um den Stoff einprägsamer zu machen?

☐ Verwendest du weitere Strukturelemente wie Aufzählungen
(1./2./3., A/B/C), Pfeile und Einrahmungen?

☐ Steht unter jedem Themenblock ein persönliches Fazit,
eine Checkliste der 10 wichtigsten Punkte oder Ähnliches?

8

Das Krafttraining

Wiederhole

Unser Gehirn lässt sich leider nicht wie ein Muskel trainieren: Stumpfe Wiederholungen bringen nicht viel. Abwechslung ist das Zauberwort!

Nun muss der Stoff angewandt, mit Beispielen gefestigt und geübt werden: Hier ist schnelles Rechnen gefragt, dort muss das Referat auf den Punkt sitzen. Deswegen ist der Begriff „Training" eine bessere Bezeichnung für diesen Prozess als „Wiederholung". Das verdeutlicht den aktiven Teil dieser Lernphase – ödes, passives Lesen deiner Notizen kannst du dir sparen.

Zentrale Fragen

- Warum müssen wir den Stoff trainieren?
- Wie oft muss man wiederholen?
- Wann ist die beste Zeit dafür?
- Wie gestalte ich das Lernen abwechslungsreich?
- Wie lerne ich „nebenbei"?

Wann und wie oft muss ich wiederholen?

Unsere Nervenzellen sind durch Synapsen verknüpft. Diese übertragen elektrische Impulse von Zelle zu Zelle. Wenn ein Neuron „feuert", ändert sich der chemische Zustand in der Synapse und die Reizschwelle wird herabgesetzt. Die Synapse wird dadurch sensibler: Je öfter die Synapse Informationen überträgt, desto wahrscheinlicher wird es, dass sie es wieder tut. Diese gesteigerte Sensitivität zwischen den Neuronen ist Lernen im biologischen Sinne. Das ist wie in einem Dschungel: Zunächst ist es hart, einen Weg durch das Dickicht zu finden. Mit jedem Mal werden die Trampelpfade passabler. Die Trainingsphase befestigt diese Pfade und macht Schnellstraßen daraus.

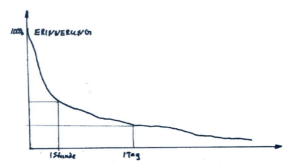

Ein Lernforscher zeichnete schon 1885 Selbstversuche für die Erinnerung von auswendig gelernten (sinnlosen) Silben auf. Hier wird deutlich, dass wir schnell relativ viel vergessen, dann flacht die Vergessenskurve ab. Eine **zeitnahe Wiederholung** macht also Sinn. Eine Faustregel ist es, das Gelernte nach

Minuten | 1 Stunde | 1 Tag | 1 Woche | 1 Monat | ½ Jahr

zu wiederholen. Diese Regel muss nicht akribisch eingehalten werden. Wichtig ist, dass du früh anfängst, um Zeit für die Festigung zu haben. Man schätzt, dass Lernstoff **etwa sechs Wiederholungen** braucht, um im Langzeitgedächtnis gespeichert zu werden. Deswegen haben wir in unserem Progress-o-Meter ja auch mehrere Verarbeitungsschritte definiert. Sollten diese noch nicht reichen, kommen nun weitere Anregungen, um das Speichern zu erleichtern.

Erzeuge ein Varieté im Kopf!

Den Stoff immer wieder auf dieselbe Weise reinzustopfen, ist langweilig und führt nur zu einer flachen Verarbeitung. Je mehr Methoden und Blickwinkel wir beim Lernen nutzen, desto mehr Zugang schaffen wir uns zu dem Wissensschatz. Auch beim geistigen Training gilt: je aktiver, lebhafter, emotionaler, desto eher bleibt es hängen. Abwechslung macht Spaß und beugt Ermüdung vor.

Wir können auf verschiedenen Ebenen variieren:

Orte wechseln

- Orte sind Gedächtnisanker. Wir speichern automatisch Informationen zu bestimmten Orten – denkst du an die Parkbank oder an das Café, fallen dir leichter wieder Dinge ein, die du dort getan oder gelernt hast.

- Nimm für unterschiedliche Themen bzw. Fächer unterschiedliche Farben (Fineliner / Textmarker) und Papier (verschiedenfarbiges Kopierpapier eignet sich dafür super).

- Probiere, verschiedene Sprachen oder Fächer in anderen Räumen zu lernen, z. B. Mathe-Formeln auf dem Dachboden, Gedichte im Wohnzimmer, Grammatik in der Küche. Ob Vokabeln sitzen, wird vielleicht im Park überprüft und die flammende Rede im Auto geübt.

- Schreibe zusammenhängende Fragen und Fakten auf eine Seite, z. B. durch Mindmapping. Damit hast du einen Orientierungspunkt („Es stand auf einer gelben, linken Seite, hatte eine dreieckige Anordnung und es war ein Pferd drauf gemalt – ach, es ging um die drei Komponenten der Motorleistung…").

Das Lernzimmer wird zur Bühne (Akustik)

Auch unsere Ohren sind wichtige Komplizen, wenn es darum geht, unbekannte Inhalte in unser Gedächtnis zu überführen. Lies zentrale Textpassagen laut, erkläre dir wesentliche Punkte. Das Hören der eigenen Stimme macht Inhalte eingängiger. Wir finden uns selbst und was wir sagen naturgemäß besonders interessant. Durch Modulation lässt sich der Effekt noch steigern: Beginne leise bei zurückliegenden Geschichtsdaten und werde lauter, je aktueller die Ereignisse werden.

Vokabeln profitieren von Stimmen und Stimmungen: „Le soleil" brüstest du freudig-beschwingt heraus, „la pluie" eher mit gesenktem Kopf und enttäuschter Stimme. Vergiss dabei nicht die inneren Bilder – sagst du „la pan", denke an den Geruch von frischem Brot, bei „vinegar" an das beißende Jucken in der Nase, wenn man zu tief in die Essig-Flasche schnuppert. Als Mediziner könntest du die lateinischen Bezeichnungen der Muskeln in einer ruhig-weichen Stimme vorlesen, Knochen klingen dafür dumpfer und hölzerner. Oder lass juristische Verbote oberlehrerhaft klingen, wie die Ermahnung des Vaters. Für die Gebote imitieren wir dafür die Stimme der Mutter.

Wie bei Bildern profitieren auch Töne von ihrer Interaktion. So wird dein Schreibtisch zur Kampfarena. Es treten an: Sokrates auf der linken Seite, Platon zur rechten. Sie debattieren eifrig über den Sinn des Lebens, jeder verteidigt seine Sicht voller Inbrunst. Oder es sind Kläger und Beklagter, die sich im Gerichtssaal des Studienzimmers eingefunden haben und sich erbittert mit Paragrafen duellieren. Hinzu kommt der Richter, der die Voraussetzungen dieser Paragrafen erörtert. Mutige Lerngruppen könnten solche Duelle inszenieren: Anton bereitet Theorie A vor, Berta Theorie B und beide versuchen dann, innerhalb von 30 Minuten den anderen von der Richtigkeit der eigenen Theorie zu überzeugen: Brauchen wir mehr Marktwirtschaft oder verbesserte soziale Sicherheit? Was sagen die Keynesianer, welche Argumente würden die Neoliberalen dagegen anführen?

Kannst du deine Lerngruppe nicht von diesem Spiel überzeugen, tragen Radiergummi und Anspitzer den Konflikt in der Schreibtischarena aus. Es ist die evolutorisch-wichtige Funktion des Spielens, dass wir die Regeln einer Gesellschaft und die Standpunkte der Erwachsenen lernen. Warum sollten wir nicht auch Argumente der politischen Bildung, juristische Regeln und Theorien auf diese Weise nachvollziehen?

Musisch Begabte können Fachbegriffe singen oder Vokabeln vor sich herrappen. Um als Sänger Karriere zu machen, muss man ja nicht begabt sein, wie Dieter Bohlen eindrucksvoll beweist. Probier es aus, schaden kann es nicht! Nur eine Bitte: Schließe die Tür, damit dich deine Mitmenschen nicht denken, du bist total gaga geworden. Oder setze bei Selbstgesprächen ein Telefon-Headset auf und tu so, als ob du jemandem etwas erklärst.

Flashdance: Gedankenblitze beim Treppenwischen

Welches ist unser größtes Sinnesorgan? Tipp: Es wiegt ca. 8 kg. Die Haut! Auf ihr sind unglaublich viele Sinneszellen verteilt, sie gibt uns wichtige Umweltinformationen. Was wäre eine zärtliche Berührung deines Partners ohne deinen Tastsinn? Und hast du mal beobachtet, wie viele Menschen in Museen die Exponate **anfassen** wollen?

Bewegung kann Schwung ins Lernen bringen. Für uns war es jahrtausendelang wichtiger, Büffel zu jagen statt in der Höhle Vokabeln zu büffeln. Der Körper will Bewegung und nicht immer still im Kämmerlein herumhocken. Sitzen wir längere Zeit über den Büchern, atmen wir flacher, nehmen weniger Sauerstoff auf und unsere Konzentration leidet. Daher können viele im Gehen besser denken. Schon griechische Philosophen unterrichteten ihre Schüler beim Spazieren. Eine Studentin strickte pausenlos im Unterricht. Als ihr Mathelehrer das verbieten wollte, unterbreitete sie ihm einen Vorschlag: *„Wenn ich bei der nächsten Klausur weniger als 12 Punkte bekomme, höre ich sofort auf mit dem Stricken. Wenn ich es schaffe, lassen Sie mich bitte in Ruhe!"* Und? Sie strickt heute noch!

Schlimm, dass Lehrer nicht wissen, dass viele Menschen mit Bewegung besser lernen und Schüler zum Stillsitzen zwingen, statt diese Energie für eine spielerisch-aktive Infoaufnahme zu nutzen. Ich wollte das nur erwähnt haben.

Andere wiederum knabbern an den Nägeln, so dass sich an deren Länge der Abstand bis zur nächsten Klausur messen lässt. Ein Indiz, dass deren Träger(innen) über den Tast- und Bewegungssinn besonders gut lernen. Kleiner Hinweis: Karotten, Kohlrabi, Studentenfutter sind nahrhafter und schmecken besser als Nagellack.

 Dein Körper ist eine Lernmaschine. Nutze sie!

Nimm die Sache „selbst in die Hand"; nutze deinen Tast- und Bewegungssinn. Probiere Folgendes:

- Wiederhole Fakten und Vokabeln beim Joggen, debattiere eine Fachfrage mit einem Freund beim Schlendern durch den Park. Auch Rollentexte lassen sich gut im Gehen einstudieren. Persönlich mag ich Musik-Cafés, Aussichtspunkte und Kreuzgänge zum Nachdenken. Hast du schon einen inspirierenden Lieblingsort zum Lernen?

- Male und skizziere Zahlen, Fakten und Zusammenhänge.

- Kaugummi kauen hilft mir, wenn ich zappelig bin oder mich leicht ablenke. Probiere alternativ einen Knetball in der Hand aus.

- Nimm Figuren, Steine oder Stifte, die für dich gewisse Konzepte symbolisieren, in die Hand, wenn du Begriffe zu diesen Konzepten lernst. Damit werden sie mit dem haptischen Gefühl verknüpft.

- Schneide Informationen aus und klebe sie neu zusammen.

- Spiele in den Pausen dein Instrument. Das ist ein schönes akustisches Intermezzo, fördert die Konzentration und lässt dich gleichzeitig abschalten.

- Wenn du Bewegung und Lernen nicht so recht vereinen kannst, probiere das Kontrast-Programm: Bewege dich in den Pausen, laufe die letzte Busstation nach Hause. Auf meinem Tagesprogramm ist ebenfalls ein kurzer Fitness-Stopp mit fünf Auflockerungsübungen fest verankert.

- Fertige Karteikarten mit Lerninhalten und Übersichten an. Mit diesen Kärtchen kann man schöne Schaubilder puzzeln. Und schon sind wir bei der nächsten Methode …

Wo ist dein Trumpf? Das Spiel mit Lernkarten

Im Gegensatz zum normalen Training wird beim Lernen die Laufstrecke jedes Mal ein wenig kürzer. Das kann man durch Lernkarten unterstützen. Sicher kennst du die Technik bereits. Ich möchte aber noch ein paar wichtige Ergänzungen machen.

So funktioniert es:

Schreibe einen Sachverhalt, ein Prüfschema oder eine Strukturskizze auf eine Karteikarte und auf die Rückseite ein Stichwort oder eine Frage. Als Box eignen sich selbstgebastelte oder gekaufte Pappschachteln. Unterteile den Karton von 20–30 cm Länge in drei bis fünf verschieden große Teile. Das Spiel funktioniert so:

- Alle neuen Karten kommen in das erste, engste Fach. Hier haben nur 20 bis 40 Karten Platz.

- Frage sie bei der nächsten Gelegenheit ab. Gekonnte Karten rücken ein Fach weiter, der Rest kommt zurück.

- Nach ein paar Tagen ist es Zeit, das zweite Fach zu wiederholen. Nicht Gekonntes wandert zurück ins erste Fach, sichere Karten gehen eins weiter.

- Sicherer Stoff rückt so vor bis zum Ende, dort können die Karten verweilen. Diese nochmals nach 6–12 Monaten zu wiederholen ist eine gute Idee, um Wissen frisch zu halten.

Diese Lernkarteien haben 4 Vorteile:

Effizientes Timing. Du kannst in kleinen Happen regelmäßig wiederholen. Dadurch, dass die Box in Zeit-Abteile eingeteilt ist, fällt die richtige Wiederholungsfrequenz leicht. Zudem werden schwere Inhalte öfter wiederholt.

Flexibel. Diese Methode eignet sich super für eine schnelle Wiederholung zwischendurch. Egal, wie viel Zeit wir gerade haben, eine Lernkarte passt immer dazwischen!

Kein Reihenfolgeneffekt. Wiederholt man immer in einer starren Abfolge, kommt man leicht durcheinander, wenn sich diese in der Prüfung ändert. Die Sicherheit beim Abrufen erhöht sich, wenn der Stoff gemischt wiederholt wird. Man kann die Lernkarten gern mal auf den Boden werfen und neu ordnen. Oder man schneidet Vorlesungsfolien aus, mischt einmal durch und gruppiert neu. Diese spielerische Wiederholung ist super, wenn man etwas k.o. ist oder eine Auflockerung braucht.

Universell. Die Karteikarten sind für alle Lernbereiche anwendbar, auch im Büro. Ein Berater nutzt diese Methode, um sich neue Fachbegriffe, Namen und Abkürzungen der stetig wechselnden Kunden und Projekte schnell einzuprägen.

Lernkarten sollten Zusammenhänge zeigen

Vorsicht: Gemäß einigen Büchern soll man auf die Karten nur einzelne Wörter schreiben. Das macht unheimlich viel Arbeit und führt zu unverbundenem Detailwissen.

> „Ich lernte für eine Abiprüfung über 150 Karteikarten auswendig, habe aber die großen Zusammenhänge vollkommen vernachlässigt und bin nur knapp einer Nachprüfung entkommen."
> *Jan*

Lernkarteien eignen sich eher zum Lernen von Fakten und Details, wenn diese unvermeidbar sind, z. B. bei Multiple-Choice-Prüfungen oder für Vokabeltests. Doch selbst dann hilft es, parallel zu den Lernkärtchen eine Strukturkarte als Übersicht über die verschiedenen Arten der Infos auf den Karteikarten anzufertigen. Jede einzelne Karte sollte mit Bildern, Geschichten oder Diagrammen verknüpft werden. Bei Vokabeln schreibt man besser gleich ganze, sinnvolle Beispielsätze. Richtig clever ist, verschiedene neue Vokabeln in einem Satz zu verknüpfen. Damit reduzierst du die Anzahl der Karten und lernst mehrere Begriffe gleichzeitig in einem Zusammenhang. Selbst wenn du fertige Karteikarten kaufst, kannst du sie nachträglich mit Farben, Symbolen und Skizzen „pimpen".

Alternative: Kleine Spezialeinheiten

Karteikarten anzufertigen ist mühsam. Die meisten Infos befinden sich bereits auf Mitschriften, Skripten und Folien. Mit dem Schema zum Mitschreiben haben wir nun noch genug Platz für die Überarbeitung des Stoffs, ohne ihn vollkommen neu schreiben zu müssen. Deswegen würde ich auf Mitschriften generell die Rückseite frei lassen und sie thematisch so zusammenheften, dass eine kleine, wendige Flotte an Lernskripts entsteht. Diese lassen sich eher mal zwischendurch wiederholen und genauso verwenden wie eine Lernkartei. Dafür kannst du verschiedene Stapel anfertigen oder du besorgst dir „Briefkörbe" wie im Bild, um die einzelnen Themenblöcke einzusortieren und beschriftest sie mit Aufgaben:

- „Noch zu bearbeiten"
- „Heute wiederholen"
- „Montag", „Dienstag"
- „Vor Prüfung wiederholen"

Diese flexible Form der Wiederholung hat dieselben Vorteile wie eine Lernkartei – aber ohne den Aufwand des Abschreibens und des Bastelns von Extra-Lernkarten.

Das Krafttraining

So geht die Rechnung auf: Mathe & Co.

In vielen Fällen müssen wir Rechnungen schnell auf neue Situationen anwenden können. Statt blindlings in deinen Taschenrechner zu hämmern, versuche hier ebenfalls, wiederkehrende Problemstellungen und Muster zu erkennen. Fertige eine Übersicht über die verschiedenen Wege und Szenarien an, vielleicht in Form einer Tabelle:

	Berechnung von X	Berechnung von Y	Berechnung von Z
Gegeben:			
Gesucht:			
Typische Fragen, Schlüsselwörter			
Beispielaufgaben			
Exemplarischer Lösungsweg			

Wie wird man zum Rechenkünstler?

Rechnen und der Umgang mit Zahlen ist etwas, woran sich die meisten erst gewöhnen müssen. Das Interesse daran und eine positive Lerneinstellung sind hier besonders wichtig (S. 77)! Was braucht man noch? Geduld. Viel Geduld! Denn die Sicherheit mit Zahlen und eine gewisse Art zu denken zu lernen, kostet Zeit. Integriere das Rechnen in deinen Alltag, übe es immer wieder zwischendurch: Rechne beim Einkaufen aufs Komma genau mit. Überschlage, wie viel Umsatz das Café, in dem du gerade sitzt, wohl macht. Berechne deine exakten Spritkosten für die Fahrt nach Hause oder wie viele Jahre es bei einem Einkommen von X dauert, dein Bafög zurückzuzahlen.

> **Zusätzlich lohnt** sich ein Klick auf http://sikore.schiffner-tischer.de. Auch die Bücher „Rechnen mit dem Weltmeister – Mathematik und Gedächtnistraining für den Alltag" (Fischer), „Mathe-Magie: Verblüffende Tricks für blitzschnelles Kopfrechnen und ein phänomenales Zahlengedächtnis" (Heyne) bzw. „Denksport Physik" (dtv) sind eine gute Idee, um die Berührungsangst mit Logik und Zahlen zu überwinden.

Lernen ohne Aufwand – funktioniert das?

Wer wünscht sich nicht, lernen zu können ohne großen Aufwand? Zumindest beim Wiederholen muss das keine Fiktion bleiben ...

Wartezeiten sind Lernzeiten. Ob Arzt, Bahn oder Stau: Im Schnitt verbringen wir täglich zwei Stunden mit warten. Eine perfekte Gelegenheit, Lernkarten, das Vokabelheft oder ein Lernskript aus der Tasche zu zaubern!

Nutze die Wohnung. Hänge eine Zusammenfassung über den Abwasch, eine Strukturkarte neben den Badspiegel oder ein Diagramm ans Fester vorm Schreibtisch. Damit wiederholst du nebenbei und teilweise sogar unterbewusst im „vorbeigehen".

Lernschranke. Schreibe schwierige Begriffe auf einen Zettel und klebe ihn an die Zimmertür: Jedes Mal, wenn du durch diese Tür willst, musst du den Zettel laut vorlesen. Wenn der Lerninhalt sitzt, darf der Zettel stolz zerrissen werden.

Schlafenszeit ist Lernzeit. Das Buch unterm Kopfkissen bringt leider nur Nackenschmerzen. Eine Wiederholung der Buchinhalte *vorm* Schlafengehen hingegen ist ideal. Studien zeigen, dass sich so die Erinnerungsleistung deutlich erhöht. Abends direkt vorm Schlafengehen ist daher die beste Zeit, Dinge zu wiederholen. Es muss nicht lange sein, 10–20 Minuten genügen. Wiederhole morgens nochmals fünf Minuten. Weitere Studien zeigen übrigens, dass nach einer guten Portion Schlaf komplexe Probleme leichter lösbar sind, sofern man diese Probleme vorher durchdacht hat. Probier das doch mal aus: Formuliere eine konkrete Frage, denke zwei Lösungswege an und übergib diese Aufgabe dann dem Unterbewusstsein.

Ähnliches passiert in Pausen. Die besten Ideen kommen oft unter der Dusche, im Park oder auf Reisen. Newton ist das Gravitationsgesetz unterm Apfelbaum eingefallen, Archimedes hat sein „Heureka" in der Badewanne gerufen. Es gilt also:
Effizientes Lernen = Bewusstes Verarbeiten + Schlaf + Pausenzeit.

Das Finale

Training unter Wettkampfbedingungen

Zum Schluss, gern auch zwischendurch, **musst** du unbedingt einen Probewettkampf machen! Das heißt:

- Schirme dich für die Zeit der Prüfungen ab.

- Kontrolliere dich: Definiere vorher wahrscheinliche Anforderungen und Bewertungskriterien (siehe Kapitel 1) und vergib dir gemäß dieser Punkte für deine Probeklausur. Mündliche Prüfungen lassen sich durch ein das VoiceMemo des Telefons oder mit einem Lernbuddy simulieren.

- Denke dir Aufgaben aus. Magst du Überraschungen? Formuliere 10 Fragen auf kleinen Zetteln, die du in der Generalprobe zufällig ziehst.

- Ideal ist es, die Probe in der Uni oder in der Bibliothek zu machen. An einem Ort, der dem Prüfungsort ähnlich ist. Da hier alle mitgelernten Kontextreize weg sind, kannst du so am besten prüfen, wie robust dein Wissen ist.

Diese Simulation verleiht dir mehr Aufmerksamkeit, du gibst dir beim Reden und Schreiben mehr Mühe. Machst du das ein paarmal, reduzierst du deine Prüfungsangst und kannst an deinem Zeitmanagement und an Schwachstellen feilen.

9
Im Wettkampf

Taktiere und behalte die Nerven

Die Prüfung ist fällig! Wie bei einem richtigen Wettkampf ist hier Präzision gefragt: Was man im Training geübt hat, muss man nun mit hoher Konzentration exakt auf den Punkt bringen.

Nun gilt: Ruhe bewahren und die Erfolgsfaktoren im Blick behalten. Ein wenig Taktieren hilft zudem, Stärken auszuspielen und Schwächen zu umschiffen. Dieses Kapitel macht dich topfit für den Prüfungs-6-Kampf, bestehend aus den Disziplinen Klausur, Mündliche, Hausarbeit, Referat, Open-Book und Multiple-Choice-Test.

Zentrale Fragen
- *Was sind die häufigsten Fehler in Prüfungen?*
- *Womit kann ich beeindrucken?*
- *Was muss ich bei den einzelnen Prüfungsarten beachten?*
- *Wie überlebe ich einen Blackout?*

Was sind die häufigsten Fehler in Prüfungen?

In Kapitel 1 haben wir gesagt, dass der Prüfungserfolg nicht nur vom Wissen, sondern auch von seiner Verpackung abhängt. Lass uns noch mal typische Stolperfallen betrachten. Es ist besser, sich dieser Fehler *vorher* bewusst zu werden. Meine Seminarteilnehmer sehen ihre **Fehler in Prüfungen** vor allem darin:

> Ein Fach perfekt lernen, für die anderen keine Zeit mehr haben | nicht die Fragen beantworten | keine Querbezüge herstellen | zu wenig Quellen einbeziehen | keine Beispiele und Veranschaulichungen bringen | nur Basics hinschreiben, nicht weiterdenken | die Theorien nicht hinterfragen | keinen Standpunkt beziehen | zu viele irrelevante Fakten abladen | schlechte Struktur

Irgendwie haben wir das alles schon mal gehört, oder? Aber trotzdem passiert es immer wieder! Das spiegelt auch die Statistik des Career Office der London School of Economics wieder, die die häufigsten **Mängel in Essays** auflistet:

> Die Frage wird nicht beantwortet | es werden nur wenige Quellen zu Rate gezogen | keine Verlinkung zu anderen Teilgebieten der Kurse | keine Beispiele, Illustrationen | Text geht nicht über die Grundlagen hinaus | Argumentation ist nicht kritisch genug | zu viel Irrelevantes abgeladen

Auch Juristen tappen in dieselben Fallen. Hier eine Auswertung von Prüferberichten aus der ersten **juristischen Staatsprüfung** in Bayern: Demnach gab es in den getesteten 221 Prüfungen...

> 111 Mängel an der juristischen Arbeitsweise | 74 Mal „Abspulen" von Wissen, teilweise ohne Bezug zur Frage oder unter Biegung des Sachverhalts | 55 Mal unzureichende Begründungen | 42 Fehler bei der Erfassung eines Falles | 50 % fehlende Grundkenntnisse | 10 % sprachliche Defizite bei der Stellungnahme

Viele Dinge können relativ leicht abgestellt oder reduziert werden. Eine Checkliste mit den Anforderungen zu machen und diese in der Prüfung gedanklich abzuhaken, ist eine gute Idee.

Damit punktest du immer: Die magischen 3

So wie es wiederkehrende Fehlermuster gibt, verschaffen dir folgende drei Erfolgsfaktoren einen gelungenen Gesamteindruck unabhängig vom Inhalt: 1) eine klare Struktur, 2) die Vernetzung zwischen Lerninhalten und 3) eine eloquente Ausdrucksweise.

Struktur

Wähle einen packenden Einstieg. Ein kurioser Fakt, ein scheinbarer Widerspruch, Statistiken, ein nettes Zitat, ein Bild. Alles, was spannend ist, Aufmerksamkeit erregt und deine Kernthesen stützt, ist ein Start von der Pole Position.

Gliedere anhand zentraler Oberpunkte. Ich habe mir für Klausuren, Referate und Mündliche als Orientierungsanker „Dreiklänge" überlegt. Das waren je drei Oberpunkte, an denen ich mein Essay strukturiert und abgearbeitet habe, z. B.:

	Variante A	Variante B	Variante C	Variante D	Variante E
1.	Vorteile	Gemeinsamkeiten	These	Hintergrund, Theorie erklären	Problem
2.	Nachteile	Unterschiede	Antithese	Anwendungsformen	Lösungsansätze
3.	Gewichtung	Zweifelsfälle	Synthese	Bewertung	Entscheidung

Ziehe ein Fazit. Zum Schluss solltest du das Wichtigste zusammenfassen. Dann erfolgt ein Ausblick mit offenen Fragen sowie nächsten Schritten für zukünftige Analysen.

Vernetztes Denken

Kannst du schnell vom Global Picture zu interessanten Details umstellen? Querverbindungen und Zusammenhänge geschickt in deine Argumentation einbinden und mit eigenen Beispielen würzen? Nein? Dann wird es höchste Zeit, dir Muster und Abhängigkeiten durch eine Strukturkarte zu verdeutlichen!

Eleganter Ausdruck

Man kann mit wenigen Worten viel sagen. Diese Fähigkeit fällt nicht vom Himmel, sondern muss trainiert werden. Suche nach **Satzkonstruktionen**, die deine Gedanken klarer machen:

Dazu sind drei Dinge zu sagen: Erstens ... Zweitens ... Drittens ...

Obwohl alle drei Aspekte für sich wichtig sind, möchte ich im Folgenden vor allem deren Zusammenspiel beleuchten.

Auf der einen Seite bietet Theorie A viele Vorteile. Auf der anderen Seite sollte man nicht vergessen, dass ...

Autor A sagt X, während Autor B die Meinung vertritt, dass ...

Das berühmte Zitat von Förster „Wie kann ich wissen, was ich denke, bevor ich höre, was ich sage" bringt die Essenz von Chafes konstruktivistischem Ansatz des Lernens auf den Punkt. Chafe beschreibt, wie ...

Darin liegt das Paradox: Wie können wir X tun, ohne ... ?

Informationsüberlastung hat drei negative Effekte: Sie kann lähmen, sie kann Entscheidungen verschlechtern und sie kann die Zufriedenheit schmälern. Betrachten wir diese drei Effekte erst im Detail, dann im Zusammenspiel. ... 1. Lähmung: bla, bla, bla.

Dieses Konzept 1:1 zu übernehmen mag ein Problem lösen, aber ein viel größeres schaffen: Dass XY passiert, ...

Das sind super Korsette, in die du deinen Inhalt einweben kannst. So lässt es sich schneller denken und schreiben. Verinnerliche einige dieser „Powersätze". Versuche auch im Seminar und Alltag solche Konstruktionen zu üben.

Wie findet man tolle Sätze? Nebenbei! Achte einfach beim Lesen auf besonders kräftige, schöne, argumentationsstarke Sätze und Überleitungen. Erstelle daraus eine „Vokabelliste" wie oben. Ich mache das heute noch genauso: An meiner Magnetwand hängen schöne Formulierungen, die ich nach und nach in meine Texte einarbeite.

Final Countdown: Steigere deine Tagesform

Auf die Plätze ...

Die Prüfung naht: Verspürst du immer noch Prüfungsangst, denke daran: Eine Prüfung ist nur eine Prüfung von hunderten, die wir im Laufe unseres Lebens absolvieren. Stelle dir drei Fragen:

- Was ist das Schlimmste, was passieren kann?

- Wie schlimm wäre das im Rückblick in fünf Jahren betrachtet?

- Was kann ich tun, um das Schlimmste zu verhindern?

Wer ein Nervengerüst aus Grashalmen hat, kann zudem zu Beruhigungstees (Johanniskraut[1], Melisse etc.) und auf Entspannungstechniken wie Autogenes Training, Progressive Muskelentspannung, Meditation und Yoga zurückgreifen.

Am Vorabend: Mach dich startklar für den Morgen. Leg alle Unterlagen zurecht, verstecke Nebensächliches und Material, was nicht bearbeitet bzw. nur halb verstanden ist. Es macht nur nervös! Und dann ab zum Sport, in die Sauna, in den Park. Triff dich mit Leuten, die dir Ruhe geben – deine Oma, Eltern, der Freund. Gehe wahlweise vorm Schlafengehen deine Survival-Zusammenfassungen noch mal zur Absicherung durch und nimm das Gefühl, das Wichtigste auf wenigen Seiten untergebracht zu haben, mit in den Schlaf.

... fertig ...

Am Morgen: Steh rechtzeitig auf. Jegliche Form zusätzlicher Aufregung und Hetze willst du vermeiden. Gönn dir was Leckeres, frühstü-

---

1 *Achtung Mädels: Johanniskrauttee wirkt super, allerdings setzt es die Wirkung der Pille herab. Meine Mitbewohnerin ist so während der Abschlussprüfungen unfreiwillig Mama geworden. Ich dachte nur, das sei evtl. nützlich zu erwähnen.*

cke vor allem abwechslungsreich – das gibt lange Energie. Stopp – jetzt noch kein Kaffee! Der lässt dein Herz noch schneller schlagen und keiner braucht ausgerechnet jetzt noch einen kleinen Klitschko in der Brust!

Geh gern ein letztes Mal deine Zusammenfassungen und Struktur-tabellen durch, um dich zu vergewissern: Ja, es ist alles da. Und nun los. Erinnere dich daran, wie schön der Tag heute ist. Daran, dass du endlich das Gelernte anwenden und unter Beweis stellen kannst. Freue dich auf all das, was du dir danach Gutes tun wirst. Egal, wie die Prüfung wird: Es wird gefeiert!

Direkt vor der Prüfung: Gut, dass du mindestens eine halbe Stunde vor der Prüfung schon da bist! Nun darfst du dir einen Kaffee holen – und sozialschweinmäßig zurückgezogen im Sonnenschein schlürfen. Halte dich von den nervösen Bienchen fern, die jetzt überall herum-schwirren.

Los!

Durch die Prüfung bringen dich Bananen, Früchte, Wasser, Ohrstöpsel und ein paar Stückchen Schokolade: Die liefert Glückshormone und einen kurzfristigen Energieschub. Ich liebe diese kleinen schoko-überzogenen Kaffeebohnen: Das kombiniert den Kick aus Kakao und Koffein. Lerntypen mit ausgeprägtem Tast- und Bewegungssinn können einen Kaugummi als Denkturbo einwerfen.

Neigt sich die **Prüfung** dem **Ende entgegen**, ist es Zeit für ein Stück Traubenzucker: Das geht direkt ins Blut und gibt einen Energieschub. Wer eine Mammut-Prüfung von mehr als zwei Stunden hat, sollte hin-gegen lieber einen Boxenstopp von drei bis fünf Minuten einlegen, die Augen schließen, durchatmen, was futtern, auf die Toilette gehen und kurz auf dem Gang ein paar Lockerungsübungen machen. Für lange Prüfungen empfiehlt sich eher Schwarz-, Grün- und Matetee (gibt län-ger Energie) als Kaffee, dessen Wirkung bereits nach 60–90 Minuten nachlässt.

Last Minute Tipps für jede Prüfungsform

Klausuren

Eine Klausur misst, wie gut du innerhalb kurzer Zeit möglichst passendes Wissen mit guter Struktur, Querverbindungen und treffenden Beispielen prägnant aufs Papier bringst. Dies gelingt nur durch absolute Routine und präzise Vorarbeit. Übe das Schreiben von Klausuren sooft es geht! Stelle dir Aufgaben, beantworte diese in voller Länge. Bereite Musterantworten und Prüfschemata vor. Überlege, wie du Antworten strukturieren kannst. Ein Argumentationsschema für wenige Seiten darf nicht zu kompliziert sein, muss aber alles Wesentliche enthalten! Für Klausuren gilt deshalb:

KISS!
Keep It Simple
& Significant.

Es geht los, die Klausur liegt auf dem Tisch:

Halte inne. Leg nicht gleich los, achte genau auf die Hinweise und Erläuterungen des Lehrers bzw. Dozenten. Ist eine Aufgabenstellung unklar? Unbedingt nachfragen!

Was möchte der Prüfer wissen? Denke vom Standpunkt des Prüfers her: Welche Kernpunkte, Fakten, Vergleiche, Anwendungen möchte er sehen? Mach eine Checkliste.

Lies die Fragen. „Diskutiere" heißt etwas anderes als „Beschreibe". Oft haben Fragen zwei Komponenten, z. B. eine Theorie erklären und auf eine bestimmte Sache anwenden. Weil sie in der Hektik oft übersehen werden, noch mal: Lies die Fragen!

Lieblingsthemen. Hast du eine Auswahl, nimm Themen, die du magst, die du schon bearbeitet hast. Spiele deine Stärken aus!

Reihenfolge festlegen. Beginne mit dem Filetstück der Prüfung, mit dem, was die meisten Punkte bringt. Nervöse Gemüter halten dagegen ihr Selbstvertrauen bei Laune, wenn sie mit leichten Aufgaben starten.

Brainstorming. Schreibe nun alles auf, was dir einfällt. Das kann eine Strukturkarte sein oder eine Sammlung von Stichpunkten. Achte insbesondere auf die W-Fragen des Global Pictures und definiere entscheidende Analysekriterien (Gemeinsamkeiten, Unterschiede, Stärken, Anwendungsgebiete etc.). Wähle nach der Ideensammlung eine passende Gliederung (S. 213).

Verteile gleichmäßig. Viele können es nicht lassen, bei einer Aufgabe doppelt so viel zu schreiben wie bei einer anderen. Eine weitere Zeile einer umfangreich abgearbeiteten Aufgabe bringt aber weniger als eine weitere Zeile einer unfertigen Aufgabe. Beim Pokern nützt ein einzelnes Ass schließlich auch nichts.

Abgrenzen. Um eine umfassende Frage zu beantworten, kannst du alle Themen anreißen und vage bleiben. Nur macht das keinen durchdachten Eindruck und gibt schlechtere Noten. Konzentriere dich lieber auf das Kernproblem. Oder diskutiere in einer Einleitung die verschiedenen Facetten der Frage kurz an, wähle dann aber die wichtigsten Aspekte aus und arbeite diese ab.

Suche Muster. Für Naturwissenschaften gilt: Habe ich eine ähnliche Aufgabe schon einmal gelöst? Welcher Lösungsweg soll hier unter Beweis gestellt werden?

Keine Rechtschreibkontrolle. Im Zweifel kommt es auf den Inhalt, nicht auf Schönschrift an. Es bringt mehr, in den letzten Minuten inhaltliche statt formelle Ergänzungen zu machen. Das ist jedenfalls meine Erfahrung. Leider gilt dies nicht für Fächer wie Germanistik und bei Dozenten auf Detailfuchs-Mission.

Open-Book-Klausuren

Hier darf man Bücher, Gesetzestexte und evtl. Mitschriften oder Formelsammlungen mitnehmen. Aus diesem Umstand wird klar: Verständnis und praktische Anwendung sind gefragt! Für die Vorbereitung heißt das: viel diskutieren, Beispiele finden, durchdenken, üben, Probeessays schreiben, rechnen. Dennoch bleibt keine Zeit für langes Suchen, Blättern und Einlesen. Für ein optimales Ergebnis musst du die Zugriffsgeschwindigkeit erhöhen. Dabei helfen:

- ein **Index** aus Post-its, der am Buchrand wichtige Kapitel oder Teilbereiche des Gesetzes anzeigt

- ein selbsterstelltes **Inhaltsverzeichnis** des Skriptes / deines Ordners mit Musterlösungen, Hinweisen zu Fallarten bzw. wichtigen Unterthemen

- **Farbschemen**: Im Gegensatz zu Notizen sind Textmarker-Markierungen oft erlaubt. Wer clever ist, ordnet verschiedenen Farben einen gewissen Inhalt zu, z. B.:

Gelb	= Kernaussage
Orange	= Wichtiges Argument
Blau	= Definition bzw. Annahme

Ein Klassiker ist auch das „Ampelschema" für Gesetze:

Grün	= Gebote
Gelb	= Wahlrechte
Rot	= Verbote

Blindenschrift. Meist muss man jegliche Notizen aus den Gesetzbüchern ausradieren. Warte aber damit bis zum Vorabend der Prüfung, dann sind diese Anmerkungen frisch im Gedächtnis. Und du wirst am nächsten Tag die verbleibenden leichten Abdrücke gerade noch erkennen können.

Multiple Choice

Multiple-Choice-Tests klingen einfacher als sie sind. Klar ist die richtige Antwort irgendwo vorgegeben, aber die Fragen können irreführend und richtig fies sein. Für Patrick, einen Mediziner, ist es daher wichtig, die Fragen äußerst gründlich und mindestens 3 Mal zu lesen. Ein gängiger Mythos ist zudem, dass man eine einmal getroffene Wahl nicht mehr ändern soll – das glauben einer Umfrage zufolge 56 Prozent der Studierenden. Doch eine Auswertung von 20 Studien zeigte, dass nur 20 Prozent eine richtige Antwort wegstreichen und eine falsche wählen. 60 Prozent hingegen schaffen es, eine falsche Antwort durch eine richtige Lösung zu korrigieren. Deine Chance, dass du durch wiederholtes Nachdenken besser abschneidest, ist demnach fast dreimal so groß! Folgende Strategie:

1. Erst mal schnell den Text durchgehen und die Antworten, bei denen du zu 90 Prozent sicher bist, ankreuzen.

2. Halte dich nicht an schweren Fragen auf. Markiere Zweifelsfälle bzw. die wahrscheinlichsten Möglichkeiten.

3. Bist du einmal durch, gehe zurück und arbeite die unklaren Fragen auf.

Wenn du die Antwortmöglichkeiten noch nie gehört hast, impliziert das häufig, dass sie falsch sind. Achte peinlichst auf kleine Wörter wie „nicht", „und/oder", die dich hinters Licht führen können. Klammere in Härtefällen unplausible Antworten aus und rate zwischen den verbliebenen Möglichkeiten. Überlege bereits beim Lernen, bei welchen Inhalten gemeine Fragen auftauchen könnten.

Mündliche Prüfungen

Oft gleichen „Mündliche" eher einem Fachgespräch als einer rigorosen Prüfung. Hier musst du in Interaktion mit deinem Gegenüber einen Standpunkt vertreten und in der Lage sein, flexibel zu denken. Versuche nicht, die Prüfer mit komplizierten Beispielen und Worten zu beeindrucken. Denk dran:

 Die hohe Kunst des Wissens zeigt sich darin, dass man Kompliziertes einfach erklären kann.

Im Normalfall ist der Prüfer dein Freund: Er wird versuchen, dich auf die richtige Fährte zu locken. Mit Andeutungen und Fragen will er/sie dich testen oder auf eine andere Lösung hinlenken. Diese Rückmeldungen sind der **Seismograph** mündlicher Prüfungen. Achte auf kleine Anzeichen: ein zufriedenes Lächeln, der entspannt zurückgelehnte Prüfer, der stolz schauende Seminarleiter und zustimmende Bemerkungen sind positive Signale. Wirst du nicht unterbrochen, heißt das: „No news are good news!" Selbst wenn die Mimik starr und der Blick gesenkt ist – fahre fort. Lass dich nicht nervös machen! Wenn aber die Kursleiterin nervös an ihren Haaren spielt oder die Augenbrauen des Lehrers langsam zur Stirn wandern, der Blick verkrampft oder jemand plötzlich einen Asthma-Anfall bekommt, solltest du eine Kurskorrektur in Erwägung ziehen. Erkundige dich: „*Bin ich richtig oder meinten Sie etwas anderes?*" Drei Wege zu mehr Feingefühl:

Schau „Wer wird Millionär?" Achte darauf, wie Günther Jauch Rückfragen stellt und versucht, Kandidaten auf die richtige Fährte zu lenken.

Achte auf Nicht-Gesagtes. Analysiere Gespräche und Konflikte mit Eltern, Freunden, dem Partner: Welche Erwartungen hast du überhört? Warum kam es zum Streit? Lerne, Andeutungen ernst zu nehmen und „zwischen den Zeilen" zu lesen.

Gasthörer. In vielen Studienfächern kannst du bei anderen Prüfungen lauschen. Warum begleitest du nicht einen Freund in die Prüfung? Der ist vielleicht weniger unsicher, du lernst und kannst ihm hinterher Feedback geben!

Haus- und Abschlussarbeiten

Gedanken brauchen viele Schleifen, bis sie ausgereift sind. Dein Zeitmanagement muss absolut sitzen! Dann kannst du den **Zeit-Effekt** nutzen: Lasse nach ein paar intensiven Schreibtagen den Text zwei Tage liegen und schau dann mit frischen Augen drauf. Mit ein wenig Abstand fällt es wesentlich leichter, seinen eigenen Text infrage zu stellen und logische Brüche zu erkennen. Deswegen gilt: Je länger man am Stück durchackert, desto mehr leidet die Qualität des Textes. Wer sich keinerlei Pausen gönnt, produziert oft nur Mist, den man hinterher mühsam redigieren muss.

Schreiben ist mühsam und man ist froh, das leere Blatt überhaupt gefüllt zu haben. Dann hängt man geistig und emotional an dem Text, weil man so viel investiert hat. Doch oft ist die erste Version nichts anderes als eine erste Version! Die Faustregel: **Gib nie, niemals, die erste Version eines Textes ab!** Ein Text wird erst richtig gut, wenn er zerstört und wieder neu aufgebaut wird. Betrachte deinen ersten Entwurf als eine Diskussionsgrundlage, als Sammlung deines Wissens. Hole dir Feedback und ziehe ein Zwischenfazit: Was hast du durch das Schreiben gelernt? Wie müsste man das Thema nun aufziehen? Wenn du das Gefühl hast, da geht noch mehr: Tu es! Erst ist es qualvoll, dann entzücken die erfrischenden Gedanken. Und hinterher ist man froh, etwas Neues vollbracht und weitergedacht zu haben.

Das Tolle daran: Viele Schreibblockaden erledigen sich von selbst, wenn man die erste Schreibversion als **Test der eigenen Gedanken** ansieht. Was am meisten lähmt, ist der perfektionistische Anspruch, sofort einen gut strukturierten, toll formulierten Text zu Papier zu bringen.

Referate

Referate sollen strukturiert informieren. Doch spielen viele „weiche" Faktoren mit: Wie ist deine Haltung? Wirkst du jämmerlich-nervös oder zuversichtlich? Ist deine Stimme klar? Verleihst du deinen Argumenten Nachdruck? Sprichst du frei? Sind die Beispiele gut? Sitzen die Überleitungen? Ein paar Tipps:

5 x 5 Regel. Eine Folie ist keine Textwüste. Halte es einfach. Nimm nicht mehr als fünf Aufzählungszeichen mit maximal je fünf Wörtern! Formuliere einheitlich.

Scheibenwischer. Präsentiere einen Fakt, daneben eine Grafik/ein Bild/Zitat/Chart. Dann den nächsten Fakt. So wandern Fakten und Belege hin und her. Eine Visualisierung pro Folie ist Pflicht! Das können auch Pfeile, Kästchen etc. sein. Gute Bilder findest du auf Fotolia.de und Getty-images.com.

Den **Anfang und Schluss** solltest du besonders üben. Das gibt einen sicheren Einstieg und der Nachhall-Effekt wird gut. Dazwischen achtet man nicht so stark auf Formulierungen.

Sprich den Vortrag vorher mindestens zweimal laut durch.

Nicht kleiner machen als man ist. „Entschuldigung", „Ich hoffe, ich konnte es gut erklären" oder „Das war nur ein Versuch" sind tabu. Steh zu deiner Leistung!

Gegen die Schüchternheit: Bist du introvertiert, dann rede, rede, rede! Folgende Maßnahmen solltest du in Betracht ziehen:

Rhetorikseminar | Improvisationstheater-Kurs | Debating Club | Lerngruppen | viele Seminarpräsentationen freiwillig übernehmen | in Vorlesungen mitdiskutieren | im Freundeskreis deinen Standpunkt darlegen | deine Eltern von etwas überzeugen (Wochenendausflug, Kino, Renovierung, Urlaubs-Sponsoring)

Der Notfall-Koffer: Arschretter-Taktiken

So holst du mehr raus

Grundsätzlich gilt: Verzettele dich nicht in Nebensächlichkeiten. Wenn du gut gelernt hast, entwickele eine starke Struktur und bringe die Dinge prägnant zu Papier. Hast du offensichtliche Lücken, hole etwas weiter aus.

Schreib, was das Zeug hält! Je mehr, desto besser. So hast du die Chance auf Zusatzpunkte. Nutze deine Argumentation und die Beispiele, um strukturiert Wissen und Details hervorblitzen zu lassen. Ich habe nie verstanden, wie man vor Ende der Bearbeitungszeit abgeben kann. Bringe weitere Beispiele und Querverweise ein. Denke weiter. Hinterfrage Theorien. Prüfer sind Menschen: Sie suchen nach konkreten Dingen, hinter die sie ein Häkchen setzen können. Jeder weitere Satz birgt die Chance, eines der begehrten Kopfnicken zu ergattern!

Lass keine Frage aus! Selbst mit oberflächlichen Bemerkungen und Stichpunkten kannst du Gnadenpunkte erhaschen. Setze auf jeden Fall Zeitbudgets pro Frage, sodass du keine auslassen musst.

Hast du einen Hänger? Hier ist der SOS-Rettungsplan

Einen Aussetzer hat jeder mal. Bitte um eine kurze Auszeit, schließe die Augen, atme l-a-a-a-n-g-s-a-m durch. Nur keine Panik. Wenn man beim Fußball mal den Ball verliert, ist das Spiel noch lange nicht verloren! Stattdessen müssen wir die Taktik anpassen:

Gehe in die Verlängerung. Lass den Prüfer die Frage nochmals mit anderen Worten wiederholen: *„Was meinen Sie mit XY?"*, *„Ich verstehe den Zusammenhang nicht ganz: Worauf wollen Sie hinaus?"*

Hinhalten. Beginne mit ein paar weitschweifigen Aus- und Hinführungen: *„Diesen Aspekt möchte ich kurz zurückstellen und mit einem kurzen Fakt beginnen, der mir als Voraussetzung wichtig erscheint"*. Oft kommen beim Sprechen gute Ideen für das Thema.

Richtungswechsel. Hängst du in der Klausur fest, mache eine Mini-Mindmap oder wechsle zu einer anderen Aufgabe. Ich habe mich gern mit kleinen Skizzen beholfen und so einige Blockaden umschifft.

Von hinten anschleichen. Wenn wir in der Prüfung nicht auf einen bestimmten Begriff kommen, konzentrieren wir uns auf diesen Begriff. Das ist aber unlogisch, denn genau dieser Begriff fällt uns ja gerade nicht ein. Wir verkrampfen. Versuche lieber, über Assoziationen, die mit dem gesuchten Begriff verknüpft sind, auf das gesuchte Wort zu kommen:

1. Überlege, in welchem Kontext du den Begriff gelernt hast: Wo und wann war das? Was hast du zuvor gemacht? Wie sah das Papier aus? Stand es oben oder unten, links oder rechts? Was hast du an diesem Tag noch gemacht?

2. Klemmt der Groschen noch? Gehe innerlich das Alphabet durch. Oft merkt man, wenn man am Anfangsbuchstaben des gesuchten Wortes ankommt.

3. Das hilft immer noch nicht? Spiele mit offenen Karten und bitte um Bedenkzeit: *„Mir liegt es auf der Zunge! Gleich wird es mir wieder einfallen, können wir kurz über einen anderen Aspekt sprechen?"*

Ablenkungsmanöver. Stelle Bezüge her, nach dem Motto „So könnte die Frage / das Thema auch aufgefasst werden.

- *„Die Frage nach X kann man so und so interpretieren. Ich finde, dass der zweite Aspekt (der nicht so direkt gefragt ist, bei dem du dich aber besser auskennst) vernachlässigt wird. Das hat zwei Hauptgründe: 1.) …"* Wichtig ist hier, dass du dich emotional ins Zeug legst, so als sei es dir wirklich wichtig, und ein feuriges Plädoyer hältst. Der Prüfer darf nicht zu Wort kommen! Die Chancen stehen gut, dass er den Gedanken spannend findet oder danach mit der nächsten Frage fortfährt.

- Versuche, die Frage zu umschreiben – wiederhole sie laut mit anderen Worten, erkläre dir die Frage selbst laut und stelle Rückfragen: *„Wenn ich Sie richtig verstanden habe, meinen Sie…"*

- Denke laut auf die Lösung hin. (*„Man könnte jetzt an X oder Y denken, das scheidet aber aus, weil …"*). Achte dabei auf die Reaktionen des Prüfers. So gewinnst du Zeit und durch das Assoziieren kommst du vielleicht wieder drauf.

Frontal-Angriff. Erzähle lieber zu viel als zu wenig. Schweife notfalls ein wenig ab, bringe mehr Beispiele, lenke zu verwandten Themen hin. So erweckst du zumindest einen redegewandten Eindruck und der Prüfer hat weniger Zeit für unangenehme Zwischenfragen.

Zeit schinden. Wenn du eine Frage gut beantworten kannst, aber Gefahren in anderen Gebieten lauern, lass dir für sichere Fragen Zeit. Leite die Antworten ein, hole aus, bringe Abwandlungen und Beispiele. Versuche, im Gespräch Querverbindungen zu sicheren Themen zu schlagen. Damit punktest du für guten Überblick und die Chancen, dass man unbemerkt in einfachere Themen abgleitet, stehen nicht schlecht.

Sowohl-als-auch-Taktik. In schöngeistigen Fächern folgen Lehrer und Dozenten oft unbewusst ihrem Geschmack. Es gibt keine objektive Wirklichkeit. Die eine Meinung gilt, die andere aber auch. Wer sich zu sehr festlegt, wird leicht in eine Ecke gedrängt. Lass, wenn möglich, immer einen Fluchtweg offen, nimm dir ein Beispiel an Politikern, die sich nie wirklich festlegen, Dinge relativieren und so immer behaupten können: „Das habe ich in dieser Ausschließlichkeit doch niemals gesagt".

Umlenken. Wird ein Teilaspekt gefragt, bei dem du schwach bist, versuche, die Sache auf einen anderen Teilaspekt oder eine allgemeinere Ebene umzulenken: *„Die Herrschaft von Mao Tse-tung hat viele Schrecken hinterlassen. Es ist ein typisches Beispiel für eine Diktatur, wie sie bereits Stalin auf grausame Weise durchgezogen hat. Typische Kennzeichen waren dort..."* Nun erklärst du die generellen Prinzipien anhand eines Beispiels, bei dem du dich besser auskennst und streust immer wieder Parallelen zur eigentlichen Frage ein.

An dieser Stelle kann ich zum Stichwort „Themen umlenken" die Gelegenheit nutzen, meinen Vater mit seinem Lieblings-Prüfungswitz zu verewigen. Der geht so:

Der Schüler hat für Biologie intensiv alles über Würmer gelernt und andere Themen vernachlässigt. In der Prüfung fragt der Lehrer:

„Erzähle alles, was du über Elefanten weißt!"

Der Schüler läuft rot an, überlegt und beginnt dennoch:

„Elefanten sind große Herdentiere, die im Dschungel leben.
Sie haben vier Füße, einen großen Rüssel und einen Schwanz.
Der Rüssel und der Schwanz sehen aus wie Würmer.
Ebenso gibt es dicke und dünne Würmer. Würmer sind ..."

Übung

Mach dir eine Liste mit den Minimalanforderungen, die du brauchst, um zu bestehen bzw. ein gutes Ergebnis zu erzielen. Versuche die Dinge zu bestimmen, die weniger relevant sind, und im Gegenzug zu überlegen, welche Dinge die Erwartung der Dozenten übertreffen, um eine wirklich gute Leistung zu erzielen.

Kernbestandteile:
Was wird sicher erwartet?

Überflüssiges:
Was wird nicht honoriert und kann weggelassen werden?

Pluspunkte:
Womit kannst du zusätzlich punkten?

10

Das Gespräch mit dem Coach

Reflektiere

Meine Arbeit ist fast getan. Die wichtigsten lernpsychologischen Grundlagen und Prozesse haben wir erarbeitet und angewendet. Ein guter Coach leistet Hilfe zur Selbsthilfe. Deswegen will ich dir nun noch zeigen, wie du diese Prinzipien weiterentwickeln und individuell anpassen kannst. Denn es gilt: Nach der Prüfung ist vor der Prüfung!

Zentrale Fragen
- Wie erreiche ich Perfektion?
- Wie werte ich meinen Lernprozess aus?
- Lässt sich die Note noch beeinflussen?
- Wie kann ich an mir weiterarbeiten?

Zur Perfektion durch Reflexion

Die Prüfung ist vorüber, die Arbeit abgegeben. Nimm dir nun noch ein paar Minuten Zeit, um deinen Lernprozess auszuwerten und deinen Arbeitsstil zu optimieren. Dafür genügen drei einfache Fragen:

1. Was war gut? (Beispiel einer Abschlussarbeit)
- Suchen von Benchmarks (mit 1,0 bewertete Arbeiten) zur Orientierung
- regelmäßige Gespräche zur Gedankenklärung mit Philipp, Nils und Claudia
- Arbeit mit Strukturkarten zur Gedankenfindung
- Besuch eines Praxisseminars zu meinem Thema
- zeitiges externes Korrekturlesen → gutes Feedback
- Literaturbeschaffungsliste war hilfreich

2. Was war überflüssig?
- zu spät mit Schreiben angefangen
- oft keine Seitenangaben bei Texten kopiert → hinterher zeitaufwendig
- Zusammenfassung knapp und bündig → am besten in Stichsätzen
- Schreiben: oft am Erstentwurf festgehangen → gleich neu schreiben
- zu viel Text produziert, besonders grässlich: Kapitel „Mentale Modelle"
- zu viel für Anhang produziert, den ich letztlich nicht abgegeben habe
- zu viele Formatierungen zu Beginn des Schreibens

3. Welche konkreten Schritte werde ich ändern?
- 1,5-zeilig beginnen mit Schriftgröße 14, um nicht zu viel zu schreiben
- früher anfangen mit schreiben, nicht zu lange mit Recherche aufhalten
- mit Kernaussagen beginnen
- mehr Pausen, dafür konzentrierter formulieren
- aktiv schreiben, keine Füllwörter
- direkt im Text redigieren, nicht so oft ausdrucken (dauert zu lange)
- neuer Drucker bzw. größerer Bildschirm
- Füllwörter radikal durch „Auto-Ersetzen"-Funktion entfernen
- keine Angst vor der kreativen Textzerstörung → lieber neu schreiben!
- konsequenter Fokus auf Fragestellung, Kernaussagen und roten Faden
- nicht zu viele Grafiken (zeitaufwendig)

Führe ein kleines Lerntagebuch, in dem du Beobachtungen über dich und die Erfolgsfaktoren dokumentierst. So kannst du unterbewusste Handlungsmuster erkennen und brechen.

Die Siegerehrung

Die Ergebnisse sind da! Eine Note ist ein wichtiges Feedback. Vergleiche die Note mit deinem Lernprozess: Spiegelt sie deine Erwartungen wieder? Bist du erleichtert, zufrieden, enttäuscht?

Durch Einsicht zur Durchsicht

Nutze *immer* die Möglichkeit, die Klausur einzusehen! Wo hast du die Situation gut eingeschätzt, welche Fragen hast du super beantwortet, wo bestehen Lücken? Sprich mit dem Prüfer: Wo sieht er Stärken? Was kannst du verbessern? Suche das Gespräch auch, wenn du mit deiner Note zufrieden bist – du willst deinen Erfolg doch wiederholen, oder?

Fehlerstatistik

Kommasetzung   III
Falsche Trennung   II
Ausdruck   I
ß statt ss   III
das statt dass   IIIII
Groß / Kleinschreibung   II
Flüchtigkeitsfehler   IIII

Eine **Fehlerstatistik** offenbart Schwachstellen. Diese kann man gezielt aufarbeiten, statt nur an der Oberfläche zu doktern. Fehler aber bitte nicht unterstreichen oder markieren. Das prägt sich sonst ein – wir wollen uns aber das richtige Wort merken, nicht das falsche! Streich also lieber die Fehler mit schwarzem Filzstift durch und schreibe in Rot mit einem Textmarker hervorgehoben das RICHTIGE Wort darüber.

Früher hasste ich Diktat-Korrekturen. Im Abi machte ich sie dann freiwillig – sonst macht man immer dieselben Fehler. Ich habe alte Klausuren kopiert und konnte direkt vor einer Prüfung meine Schwachstellen noch mal sehen. Nur durch die Suche nach typischen Fehlerquellen und gezieltes Training war es mir möglich, mich Schritt für Schritt von einer 4- in meiner ersten Englisch-Leistungskurs-Klausur auf eine 1+ in der endgültigen Abiprüfung hochzuarbeiten. An solchen kleinen Verbesserungen habe ich gemerkt: Erfolg ist kein Zufall. Detailliertes Aufarbeiten, die Suche nach Erfolgsfaktoren und gezieltes Training sind wichtiger als Talent oder Glück!

Apropos: www.mikeseymour.com/deutsch/tips.asp erläutert 300 typische Fehler, die Ausländer im Englischen machen.

Prüfe und (ver)handle

Manchmal ist man mit seiner Note gar nicht zufrieden. Hier lohnt sich eine Rücksprache. Auch Prüfer machen Fehler und leider leidet manchmal das gründliche und individuelle Urteil unter dem zeitlichen Druck des Massenbetriebs. Die Erfindung, „blind" eine Arbeit ohne ein Zwischenfeedback abzugeben, finde ich ohnehin nicht optimal. Ein Trainer würde seinem Team auch nicht tatenlos beim Training zusehen und erst nach dem Wettkampf kritisieren.

Man darf es nicht übertreiben, aber nachfragen lohnt sich bei Unklarheiten und in Fällen, in denen du mehr erwartest hättest. Zumindest hilft es, den Prüfer in Zukunft besser einzuschätzen.

Das objektive Urteil existiert nicht. Selbst bei Mathearbeiten ist Spielraum für Gnadenpunkte, wenn man zeigen kann, dass man auf dem richtigen Lösungsweg war und sich nur vertippt hat. Suche nach Interpretationsspielräumen. Manchmal wird der Prüfer etwas nachbessern, wenn er zugeben muss, dass die Bewertung nicht ohne Zweifel ist. Du solltest deutlich machen, wie wichtig diese Note für deinen Numerus Clausus, für das Stipendium oder den späteren Job ist. Er wird wenigstens beim nächsten Mal etwas vorsichtiger mit seinem Urteil sein. Kein Prüfer möchte für dein Schicksal verantwortlich sein.

Auch an der Uni gibt es Spielräume:

- Für eine Klausur in den USA über Wirtschaftsrecht hatte ich gut gelernt und hoffte auf ein entsprechendes Ergebnis. Als es da war, war ich schockiert: Nur ein „C" (in etwa eine 3,0)? Wie konnte das sein? Ich ging mit dem Prof die einzelnen Aufgaben nochmals durch. Tatsächlich bestand ein kleines **kulturelles Missverständnis** mit großen Folgen: Die Klausur enthielt Zahlen, Paragrafen und Berechnungen. Im Amerikanischen wird eine „1" als „I" geschrieben, eine „7" ist dafür wie unsere „1". Zudem ist der Punkt bei Zahlen ein Komma und andersherum. „3,00 Euro" würde man z. B. in den USA als „300" Euro, nicht als 3 Euro lesen. Der Assistent, der die Klausur korrigiert hatte, hatte mir also alle

Zahlen falsch gewertet, weil ich die europäische Schreibweise verwendete! Letztlich kam ich auf „B+" (2,0)!

- Manchmal lässt sich eine Note nachträglich **aufbessern**, z. B. bei Projekt- und Hausarbeiten: Einmal hatten wir für eine aufwendige Projektarbeit „nur" eine 1,3 bekommen. Ich war zufrieden, aber mein Kollege wollte mehr: Er fragte den Prüfer, was wir noch tun können, um auf die Bestnote zu kommen. Im Endeffekt mussten wir ein paar Interviews mehr auswerten. Ein faires Angebot.

- Auch **Unsicherheit** lässt sich **senken**: Ein Diplomand bastelte lange an seiner Abschlussarbeit, denn sie sollte perfekt werden. Da „perfekt" in diesem Fall eine subjektive Einschätzung ist, schickte er seinem Betreuer die Arbeit, bat ihn um Feedback und fragte, welche Dinge er noch tun und verbessern müsste, um die Bestnote zu bekommen. Die Antwort kam eine Woche später „Wenn Sie die Arbeit so abgeben, wie Sie sie mir geschickt haben, bekommen Sie Ihre 1,0!". Ahhh! Aufregung. Fünf Tage später lag das Baby gewickelt und gebunden im Prüfungsamt. Ohne diese kecke Mail hätte er wohl weitere vier Wochen daran rumgedoktert und die Arbeit wohl nur „verschlimmbessert".

Der perfekte Lernprozess

Jeder Diamant ist ein Unikat. Auch dein Lerndiamant muss individuell geschliffen werden! Zu welchen Anteilen die verschiedenen Lernprozesse gewichtet werden müssen, hängt von der Art der Prüfung und deinen Stärken und Schwächen ab. Und so laufen die Teilprozesse nicht notwendigerweise in derselben Reihenfolge ab. Sie überschneiden sich, laufen parallel, beeinflussen sich, gehen mal schneller oder langsamer.

Perfektion erreicht man nur durch Übung und individuelle Anpassung. Kontrolliere bereits während des Lernens deinen Fortschritt, schreibe dein Lerntagebuch auch zwischendurch. Werte aktuelle Probleme, Fragen und Aha-Erlebnisse aus. Arbeite mit dem Progress-o-Meter, kontrolliere die Meilensteine und passe deinen Lernplan wenn nötig an. Damit erreichst du eine höhere Reflexionsebene und kannst deinen Lernprozess individuell optimieren. Und das ist eine ganz wichtige Fähigkeit, die dich sehr weit auf deinem Weg zur persönlichen Bestnote bringen wird!

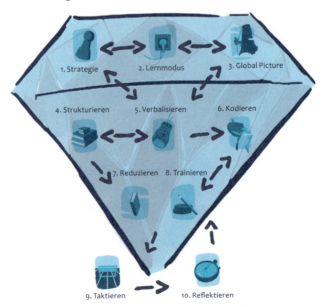

Wie geht es weiter? Das Feintuning

1. Bleib dran

Alle Methoden kann man nicht einfach auf einmal anwenden und ver-innerlichen. Lies zentrale Passagen wiederholt, arbeite mit diesem Buch, verbessere Schwachstellen, bis du mit deinen Ergebnissen zu-frieden bist. Wenn du mir eine Mail an Martin@studienstrategie.de schickst, trage ich dich gern in mein **„Brain Update"** ein und erinnere dich gelegentlich an nützliche Motivations- und Lerntricks.

2. Tausche dich mit anderen aus

Diskutiere mit anderen Schülern, Studierenden und Lernen-den, z. B. auf den **Facebook**-Seiten „Martin Krengel" oder „Bestnote".

3. Beobachte deine Lernpräferenzen

Welche Sinneskanäle sind bei dir besonders wichtig? Auf Studienstra-tegie.de unter der „Download-Sektion" (oben rechts) findest du einen entsprechenden **Lerntypen-Test**.

4. Bring dein Zeitmanagement auf Vordermann

Golden Rules: Dieser Ratgeber (siehe Seite 255) ist das Einmaleins des effizienten Arbeitens. Es zeigt, wie du deine Motivation langfris-tig behältst, dein Zeitmanagement optimierst und dich noch besser konzentrieren kannst. Darin sind auch weiterführende Lerntipps und Beispiele für unseren Progress-o-Meter und spezifische Ordnungs-tipps enthalten. Die „**Gold**enen Regeln" sind also die ideale Ergänzung zu unserem „Lern**diamanten**". Wichtig für alle, die einen engen Zeit-plan haben oder noch viel im Leben erreichen möchten ...

Trainingslager:
Die finale Checkliste

1. Strategie
- [ ] Probeklausuren besorgen
- [ ] andere Leute bzw. Dozenten nach Erfolgsfaktoren befragen
- [ ] Progress-o-Meter aufstellen

2. Lernmodus
- [ ] 10-Minuten-Trick anwenden
- [ ] Tag in Blöcke einteilen
- [ ] Gründe finden, warum das persönliche Horror-Fach sinnvoll ist
- [ ] Lernoase schaffen
- [ ] persönliche Ziele aufschreiben

3. Global Picture
- [ ] Den Text erst mal komplett durchblättern vorm eigentlichen Lesen
- [ ] irrelevante Passagen von vornherein herausstreichen
- [ ] das Global Picture durch W-Fragen beim Lesen herausarbeiten
- [ ] mit einfachen und interessanten Textstellen beginnen

4. Strukturieren
- [ ] Mindmaps für ein erstes Brainstorming nutzen
- [ ] mit Strukturkarten die inneren Zusammenhänge des Stoffs verdeutlichen
- [ ] Mitschriften durch ein Schema vorstrukturieren
- [ ] bestehende Notizen um 30–60 Prozent reduzieren

5. Verbalisieren
- [ ] zuverlässige Lerngruppe finden
- [ ] Lernjournal anlegen
- [ ] schreibend die Gedanken erkunden

6. Kodieren
- [ ] aktiver und intensiver Lernstoff analysieren
- [ ] mit der 3-2-1-Technik schwierige Vokabeln und Fachwörter verstehen
- [ ] Listen und Unterpunkte mit Visual Codes merken

7. Reduzieren
- [ ] eine Survival-Zusammenfassung für jedes Thema erstellen
- [ ] Lerngeschichten ausdenken
- [ ] Akronyme bilden
- [ ] ein persönliches Fazit nach eine Vorlesung / einer Textlektüre oder unter einzelne Folien schreiben

8. Trainieren
- [ ] Lernkartei einrichten
- [ ] Rechenaufgaben variieren
- [ ] Wiederholungsrunden variieren
- [ ] verschiedene Sinne ansprechen
- [ ] vor dem Einschlafen wiederholen

9. Taktieren
- [ ] Checkliste für die Erfolgsfaktoren der Prüfung machen
- [ ] mindestens zwei Probeklausuren schreiben
- [ ] am Vortag alles zurechtlegen
- [ ] in brenzligen Situationen ruhig bleiben und taktieren

10. Reflektieren
- [ ] Lerntypentest auf Studienstrategie.de machen
- [ ] Lerntagebuch schreiben
- [ ] mit Prüfer sprechen und detailliertes Feedback einholen

Bonuskapitel

Das Team dahinter

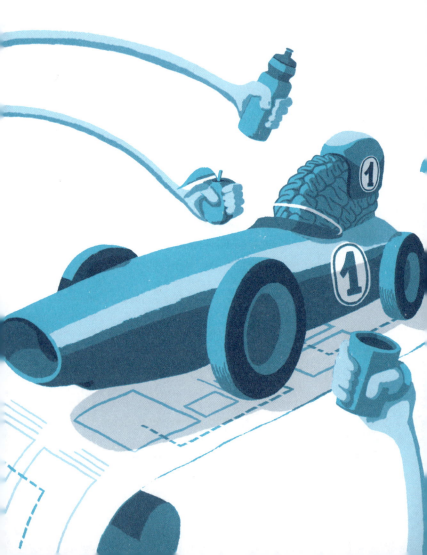

Ideen für Eltern, Lehrer & Dozenten

Abschließend ein paar Tipps für alle, die ihre Kinder, Schüler und Studierenden beim Lernen unterstützen wollen.

Zentrale Fragen

· Wie kann ich meinen Kindern das Lernen erleichtern?
· Was kann ein einzelner Dozent tun?
· Wie können wir ohne großen bürokratischen Aufwand die Lehre verbessern?

Tipps für Eltern

Eltern sollten den Lernprozess ihrer Kinder ein wenig in Gang bringen, steuern und optimieren. Das oberste Prinzip ist dabei Hilfe zur Selbsthilfe. Das Kind muss lernen zu lernen, die Motivation zu behalten und schwierige Situationen zu meistern.

Lernziel und Lernplan (Kapitel 1)	Sprich mit deinem Kind über die verschiedenen Lernziele:
	1. Inhalt. Zunächst ist es wichtiger, den Stoff zu verstehen und ein Interesse zumindest an Teilaspekten zu gewinnen. Faszination und Grundverständnis sind wichtiger als Noten!
	2. Kompetenzen schulen. Das zweite Lernziel ist es, persönlich etwas zu lernen und sich selbst zu beobachten. Das Kind sollte einige Lerntechniken probieren. Wann fällt die Konzentration leicht? Mit welchen Tricks behalte ich Fakten besser? Erkläre ihm, das auch persönliche Ziele wie „Frustrationstoleranz steigern" oder „Lernen, mit Stress umzugehen" wichtige Meilensteine in der Entwicklung sind.
	3. Notenerwartungen. Was ist realistisch? In welchen Fächern gilt es, Punkte zu sammeln, und wo gilt es, Schaden zu vermeiden? Es nimmt den Druck vom Kind, wenn es weiß, dass es 1–2 schwächere Fächer haben darf.
	In dieser Hierarchie wird das Interesse und die natürliche Neugier geschützt und der Fokus auf die Verbesserung des Lernprozesses gelegt. Über kurz oder lang hat das auch einen positiven Einfluss auf die Noten.
	Bastelt einen **Progress-o-Meter** mit einem Überblick über alle Klausuren. Findet nette Belohnungen (für gute Lerntage, nach einer Klassenarbeit). Der Progress-o-Meter soll den Fortschritt visualisieren und leicht anstoßen, aber keinen Leistungsdruck aufbauen. Man kann z. B. Wolken / Blitze eintragen, um zu verdeutlichen, dass schlechte Tage zum Lernprozess gehören.
	Trage auch dir die Vorbereitungszeit in deinen Kalender, plane etwas **Puffer** ein. Je eher dein Kind mit dem Lernen beginnt, desto stärker können lernpsychologische Effekte greifen.

Interesse als Treibstoff des Lernens *(Kapitel 2)*	Positive Einstellung, Neugier und Motivation sind die halbe Miete für erfolgreiches Lernen. Eltern sollten mit gutem Beispiel **vorangehen** und ein echtes Interesse zeigen. Und zwar für die Inhalte, nicht vordergründig für die Leistungen. Vermeide geschlossene Fragen. Wenn ich meine Kinder frage „Wie war es heute in der Schule?", verleitet das zu einsilbigen „gut/nicht gut"-Antworten. Zudem kommen schnell negative Eindrücke in den Sinn: Entweder der Lehrer hat geschimpft, es gab Gezicke oder die Kiddys fühlen sich kontrolliert. Frage ich „Was habt ihr heute Spannendes gelernt?", vermittle ich **Interesse am Stoff** und kann mit weiteren **W-Fragen** anschließen: Wozu braucht man das? Wie funktioniert es? Wer ist beteiligt? Wann war es? Schwupps, schon puzzelt das Kind das Global Picture zusammen und kann den Stoff wiederholen und festigen. Fördere die **Stärken** deines Kindes: Wo zeigt es eine besondere Begabung und gesteigertes Interesse? Bei welchen Themen ist es geduldiger und stellt mehr Fragen? Wo glänzen die Augen? Nimm den Frust deines Kindes ernst, lass es seine Sorgen aussprechen. Ist das Gewitter vorüber, könnt ihr gemeinsam überlegen, welche Aspekte des unliebsamen Faches dennoch nützlich sind und so den Fokus wieder auf **positive Seiten** richten. Überlegt, wie ihr das Lernen **lustvoller** gestalten könnt: Die meisten der besprochenen Lerntechniken kommen der kindlichen Neugier entgegen: Strukturkarten zeichnen, Visual Codes erfinden, Wiederholungen spielerisch variieren. Sie sollen merken, dass Lernen und Spaß keine Gegensätze sind.
Zeit-management und Konzentration *(Kapitel 2)*	Achte darauf, dass dein Kind rechtzeitig beginnt, konzentriert arbeitet und regelmäßig Pausen macht. Reduziere potenzielle Ablenkungen – sei ein **HIRTE!** Ein Hirte sein heißt, **H**andy, **I**nternet, **R**adio, **T**V und sonstiges **E**lektronisches Spielzeug (Nintendo, Computer & Co.) zu überwachen. Es gibt deutliche Anzeichen dafür, dass das Mediennutzungverhalten die Konzentration und Aufmerksamkeit nachhaltig beeinträchtigt. Das Internet ist der Zeitdieb Nr. 1, weil hier Unterhaltungs- und Nutzwert verschwimmen. Auch Radio und TV senken durch Interferenzen die Konzentration erheblich. Mache deinem Kind klar: Je effizienter es lernt, desto schneller kann es seine Freizeit genießen. Schafft gemeinsam eine **Lernoase** – einen Arbeitsplatz, an dem sich das Kind wohlfühlt, aber der ablenkungsarm gestaltet ist. Der Schreibtisch sollte ein Schreibtisch bleiben, er ist keine Ablagefläche. Am besten bietet er zudem die Möglichkeit, an einer Pinnwand Lernübersichten, Strukturkarten & Co. aufzuhängen.

	Verwöhne dein Kind während der Lerneinheiten gern einmal zwischendurch mit einer leckeren Frucht, ein paar Gummibären oder einem Kakao. Damit wird das Lernen unterbewusst mit der elterlichen Fürsorge und Geborgenheit verbunden.
Das Global Picture behalten *(Kapitel 3)*	Hilf deinem Kind, einen Überblick über das Thema zu erarbeiten – Stelle ihm „**Strukturfragen**": Worum geht es, was gehört zum Thema und was muss man ausschließen? Was sind Hauptthemen, was Nebenthemen? Wie gehören die Themen zusammen?
	Verdeutliche immer wieder die **Bedeutung** des Stoffes und den praktischen Nutzen: Wer einmal zum Mond fliegen möchte, braucht einen sportlichen Körper. Wer sich wie MacGyver durch handwerkliches Geschick aus brenzligen Situationen retten will, braucht chemische und physikalische Grundkenntnisse, und wer später als Tierärztin armen Wichten helfen möchte, ist mit Biologie vielleicht doch nicht so schlecht bedient …
	Schaut gemeinsam einen Geschichtsfilm, sucht nach **Lernvideos** im Netz oder geht in ein Museum. Werde selbst wieder zum Schüler und lerne mit deinem Kind. Ich freue mich schon darauf, wenn meine Kiddys in der Schule sind: Vielleicht verstehe ich dann endlich mal Chemie oder die deutsche Grammatik …
Strukturieren und reduzieren *(Kapitel 4 & 7)*	Zeige, wie man **Mitschriften** anfertigt (S. 118), aufbereitet (S. 122) und reduziert (S. 180 ff.).
	Sucht gemeinsam nach sinnvollen **Symbolen** und Abkürzungen für die Mitschriften (für offene Fragen, besonders relevante Inhalte oder verschiedene Farben für Definitionen, Beispiele etc.).
Verbalisieren *(Kapitel 5)*	Ermuntere deinen Schützling, **Freunde** zur Erarbeitung der Hausaufgaben einzuladen. Das schult das Ausdrucksvermögen und nebenbei wichtige Sozialkompetenzen wie die Arbeit im Team. Wenn man eine Wand- oder Schreibtafel kauft, können Inhalte besser visualisiert und präsentiert werden. Zudem ist gemeinsames Lernen affektiv positiver und kann weitere Motivationsimpulse auslösen.
	Rege Spielregeln für die Teamarbeit an: Ein Schiedsrichter soll das Zeitmanagement überwachen. Gib ihm eine gelbe und rote Karte, die er zücken soll, wenn sich die Diskussion verläuft. Ein anderer ist vielleicht ein Detektiv, der den Gedankengang genau beobachtet und protokolliert. Die dritte könnte eine Managerin sein, verantwortlich dafür, dass am Ende ein Ergebnis steht. Der Pressesprecher hingegen muss das Resultat den Eltern vortragen bzw. Fragen mit dem Lehrer klären.

Kodieren *(Kapitel 6)*	Bulimie-Lernen kann jedes Interesse am Lernen killen. Deswegen sollten Kinder zeitig lernen, mit witzigen Merktechniken Informationen schnell und kreativ anzureichern und mit dem Vorwissen zu verknüpfen. Noch zeichnen, singen und spinnen sie gern – Dinge, die ich Studierenden im Seminar wieder mühsam beibringen muss. Also besser, diese Fähigkeiten zielgerichtet im Hinblick aufs Lernen zu entwickeln, statt Dinge wie Zeichnungen im Notizheft pauschal zu unterbinden. Versuche mit deinem Kind gemeinsam lustige Geschichten und Assoziationen zu finden – oder wenigstens nicht „elternhaft-entgeistert" dreinzuschauen, wenn das Kind eine Idee entwickelt hat. Was immer geht, ist, den leblosen Stoffen ein Gesicht, einen Körper oder sogar einen Namen zu geben: So greift Viktor das Virus das Immunsystem an, bekommt aber von Fred der Fresszelle ordentlich eins auf die Nase, sodass die menschliche Nase nicht tropfen muss.
Trainieren *(Kapitel 8)*	Findet ein Wiederholungsritual. Das kann das Einprägen von Fachbegriffen und Vokabeln direkt vorm Zubettgehen sein oder man vereinbart im Anschluss an das Abendessen eine 20-minütige Wiederholung mit kurzer Abfragerunde, bevor es zur Gute-Nacht-Geschichte/Serie/Sandmann etc. geht.
Taktieren *(Kapitel 9)*	Turner proben verschiedene Übungskombinationen, damit sie im Wettkampf unbemerkt umschalten können, wenn etwas schiefgeht. Ebenso sollten beim Lernen verschiedenen Situationen geprobt werden, um Aufregung zu reduzieren und sich auf mehrere Szenarien einzustellen. Spiele mal den gutmütigen Lehrer, morgen gibt's dafür ein schweres Thema oder besonders viele Zwischenfragen. Erarbeitet gemeinsam eine Taktik: Wo liegen die Stärken und Schwächen? Worauf legt der Lehrer besonders Wert? Wie könnt ihr Stärken entsprechend ausspielen und Gefahren umschiffen?
Refektieren *(Kapitel 10)*	Schenke deinen Kindern ein schönes Notizbuch, um Aha-Effekte, Fortschritte und Schwierigkeiten festzuhalten. Sprich regelmäßig über dieses Büchlein. Wenn dein Kind Feedback bekommt, ist es auch motivierter, es fortzuführen. Ermuntere es jeden Tag, sein persönliches Lernfazit aufzuschreiben – 2 Dinge, die gut waren, 2 Dinge die nicht so gut waren und wie es dies verbessern möchte. Es soll auch beobachten, wie es mit den neuen Lerntechniken zurechtkommt und wo Variationen sinnvoll sind.

Eine Checkliste für Lehrer und Dozenten

Abgeleitet aus den zehn Lernprozessen möchte ich dir mit einer kleinen Checkliste helfen, deine Lehre zu überprüfen.

Strategie festlegen (Kapitel 1)	Mache transparent, welche Themen relevant sind, und was genau du von einer Prüfung erwartest. Stelle Probeaufgaben, gib Zwischenfeedback. Je zeitiger, desto besser!
In den Lernmodus kommen (Kapitel 2)	Warum unterrichtest du dieses Fach? Was begeistert dich? Teile diese Faszination. Wecke Interesse mit Kuriosem, Interessantem, Verwunderlichem. Stelle Forschungsfragen, an denen du dich abarbeitest. Ein Ritual zu Beginn schafft einen routinierten Übergang zur Konzentrationsphase. Dafür bieten sich ein Glockenschlag oder ein MP3-Jingle an, die wiederkehrend zum Lernen konditionieren. Erzähle eine Anekdote, lass die Helden der Forschung und der Geschichte lebendig werden. Wenn man weiß, dass Einstein in der Schule Matheprobleme hatte oder Edison über 1.000 Fehlversuche bei der Erfindung der Glühbirne hatte, ist plötzlich das Interesse der Zielgruppe geweckt. Und schwupps, öffnet sich die Tür zum Geist! Denk daran: Der Köder muss dem Fisch schmecken, nicht dem Angler!
Das Global Picture suchen (Kapitel 3)	Beginne jede Stunde mit einem „Anker", mit dem du das Thema in den Gesamtkontext einordnest. Gib auch zwischendurch mehrmals Überblick über den aktuellen Stand des Stoffs. Geh davon aus, dass du nur 50 Prozent der Zuhörer mitnimmst, selbst wenn du klar und nachvollziehbar erzählst. Gib Zuhörern, die abschweifen, eine Gelegenheit zum Wiedereinstieg!
	Lass nach jeder Stunde ein persönliches Fazit ziehen. Das hilft nicht nur bei der Reduktion des Stoffs auf das Wesentliche, sondern fördert ein konzentrierteres Zuhören, wenn man den Vortrag hinterher selbst zusammenfassen muss.
	Und weil es so schön war, lass die Kernaussagen der letzten Stunde zu Beginn der nächsten mit eigenen Worten wiederholen. Das signalisiert den Gehirnen mehr Relevanz, übt das Formulieren, schult die Wahrnehmung für das Wesentliche und Schüler / Studierende können mit den Worten von ihresgleichen lernen.

Strukturieren *(Kapitel 4)*	Hast du genügend Strukturelemente wie Aufzählungen, Überblick, Betonen von Wichtigem in deinen Vorträgen? Gibst du eine Zusammenfassung? Stellst du Gemeinsamkeiten und Unterschiede klar heraus? Zerlegst du komplexe Sachverhalte in kleinere Module?
Verbalisieren *(Kapitel 5)*	In der Seminarbranche weiß man: „Ein fauler Trainer ist ein guter Trainer". Immer dann, wenn die Lernenden viel selbst machen müssen und Wissen auf vielfältige Weise erarbeiten, ist die Verarbeitungstiefe am größten. Empfiehl deinen Studierenden ein Lernjournal. Kontrolliere es in der Mitte des Semesters: Lies probeweise ein bis zwei Einträge und kommentiere die Reflexionstiefe. Wer zeitnah eine Rückmeldung hat, fängt engagierter an und zieht es leichter durch. Vergib mehr Gruppenarbeiten und lass einige Ergebnisse präsentieren.
Kodieren *(Kapitel 6)*	Verwendest du Bilder, Beispiele, Geschichten, um deinen Worten Flügel zu geben? Bring etwas mit, das man „begreifen" kann: ein Foto, ein Bild, einen Gegenstand. Erzähle eine Geschichte dazu. Ich zeichne zu meinen Inhalten gern selbst kleine Bilder, die mit dem Stoff verknüpft werden können. Da ich ein Talent zum Zeichnen habe wie Arnold Schwarzenegger zum Geige spielen, provoziert das immer einen Lacher. Egal ob die Zeichnung gelingt oder nicht – daran erinnert man sich garantiert! Lass doch Schüler eigene Lernmedien und YouTube-Videos heraussuchen und schaut ausgewählte Filmchen zu Beginn der Stunde. Dadurch sind Interesse und Akzeptanz größer.
Reduzieren *(Kapitel 7)*	Hast du eine Zusammenfassung im Skript oder auf den Folien? Gib als Hausaufgabe eine Strukturkarte auf, vergib Punkte oder Sternchen für den Inhalt und Smileys für die Form. Und noch mal, weil ich es so wichtig finde: Arbeite mit persönlichen Fazits, lass die Inhalte am Ende noch einmal mit persönlichen Worten zu einem Global Picture zusammendampfen. Das zeigt individuelle Lücken und wirft Fragen für die Nacharbeit auf.

Trainieren *(Kapitel 8)*	Gibst du Feedback bei Hausaufgaben und Wortbeiträgen auch auf die Form, den Ausdruck und die Struktur, nicht nur auf den Inhalt? Trainiere den Stoff, der trainiert werden muss! Das gilt besonders für Sprachen. Ich möchte an dieser Stelle meinen Frust für den vergeudeten Französischunterricht hinausschreien: Mit 27 Schülern soll ich eine Sprache lernen, mit der die Lehrerin selbst noch kämpft? Ich habe in fünf Jahren zwar alle Zeitformen gepaukt, aber keine einzige gelernt. Meinen Hintern habe ich nur mit Müh an einer „5" vorbeigerettet und als ich endlich einen echten Franzosen traf, er fragte: „Parles-tu français?" und ich antwortete „Yes, a little bit", war mein Vertrauen in diese Lernform endgültig am Ende! Zur Verständigung reicht zunächst je eine Zeitform für Vergangenheit und Zukunft. Wer mehr will, soll in den Leistungskurs. Dafür sollte man die einfachen Formen anwenden, wo es geht, und: sprechen, sprechen, sprechen! Es gibt Talente in jeder Klasse. Diese würde ich mit anderen zusammenbringen, die sich schwer tun. Schüler übernehmen so schnell Verantwortung.
Im Wett- **kampf** *(Kapitel 9)*	Kommuniziere die Erwartungen der Fragetypen. Gib eine Beispielstruktur an. Du verbesserst die Ergebnisse, je besser die Aufgaben vorstrukturiert sind. Ich bin in meinen Seminaren zu konkreteren Vorgaben übergegangen – gleichzeitig einen guten Inhalt und eine treffende Struktur zu produzieren überfordert schnell. Talent bringt nichts, wenn es nicht durch konkrete Hilfe entfaltet werden kann! Sei ein Coach, nicht nur Dozent!
Reflektion *(Kapitel 10)*	Vergib selbstreflektorische Aufgaben. Meine Studierenden müssen Aufgaben bewältigen, sich hinterher einschätzen und ihre „Lessons learned" berichten. Gerade die Hochschule ist eine rückmeldungsarme Institution. Hilf den Studierenden, sich auf einer Meta-Ebene zu beobachten. Schreib drei bis vier Stichpunkte zusätzlich unter die Arbeit. Eine einzelne Note ist viel zu undifferenziert!

10 Gedanken für die Verbesserung der Lehre

Sicher weiß ich, dass viele Probleme von Schule und Uni in den Rahmenplänen verankert sind und sich unsere Bildungspolitik nur schwer ändern lässt. Doch man muss nicht immer lange über das ideale Konzept debattieren und eine Lösung konzeptionieren, die so gewaltig ist, dass sie keine Chance auf Umsetzung hat. Manchmal sind es kleinere Dinge, die man auf Fachschafts- oder Institutebene anstoßen kann. Ich habe über zehn Jahre im Universitäts-Kontext gelernt bzw. gelehrt. Dabei sind mir einige typische Probleme und Dinge aufgefallen, die man vielleicht relativ leicht ohne großen Aufwand und Kosten ändern könnte…

1. Man braucht in Deutschland einen Angelschein, nur um einen Fisch zu fangen. Warum aber darf man die Zeit, Geduld und Nerven von Schülern und Studierenden ohne lernpsychologisches Training strapazieren? Warum gibt es eine Prüfungsordnung für Studierende, aber keine **Lehrordnung** für Professoren? Ein paar Leitlinien oder eine Checkliste für lernpsychologisch optimierte Vorlesungen, die sichtbar in Seminarräumen aufgehängt werden, wären ein Anfang.

2. Ein „**Didaktik-Daddy** (m/w)" für Schulen wäre nützlich. Einen Psychologen, der Lehrkräfte coacht und lernpsychologische Hinweise gibt. An der Uni könnte ein „Vorlesungskommissar" Material auf Verständlichkeit prüfen, unklare Stellen markieren und Vorschläge für Visualisierungen machen. Das kann flink gehen: Man sieht schon an den ersten Folien, ob sie gut sind oder nicht. Wenn es je einen Beauftragten für Gleichstellung, Pressearbeit und Alumni-Arbeit gibt, sollte es auch jemanden geben, der sich für die kontinuierliche Verbesserung der Lehre verantwortlich fühlt.

3. Bewertungsbögen am Ende des Semesters sind gut gemeint, doch helfen nichts mehr: Die Veranstaltung ist dann vorüber. Deswegen sollte es **sofort Feedback** nach einzelnen Stunden geben. Studierende könnten ehrlich auf die entsprechende Facebook- oder Twitter-Wall der Veranstaltung posten, ob Inhalte verständlich waren, welche Fragen offengeblieben sind und Ideen zur Verbesserung geben. Oder man stellt eine Pinnwand für anonyme Kommentare in der Pause auf. Das kann der Dozent sofort aufgreifen und seinen Kurs korrigieren.

4. **Vortrag oder Skript?** Einige Dozenten verwechseln PowerPoint mit Word und schreiben ganze Sätze in die Folien. Wir können uns aber entweder auf das Geschriebene *oder* das Gesprochene konzentrieren. Möglicher Ausweg: Man könnte zunächst die Gedanken wie bisher in Sätzen formulieren und als Handout zur Verfügung stellen. Aus diesen Sätzen müssen dann aber die Kernaussagen für die Präsentationsfolien gefiltert werden.

5. Wir brauchen eine **PowerPoint-Police**! Diese könnte mit Vorlesungsunterlagen aufbereiten. Es ist denkbar einfach:

   - Man sollte Beispiele vor den neuen Inhalten präsentieren – dann erst die unbekannten und schweren Fachbegriffe und Verfahren erklären.
   - Zwei bis drei anschauliche, auflockernde Visualisierungen helfen, den Stoff vorstellbar und assoziierbar zu machen.
   - Es gilt die 5x5-Regel: Nie mehr als 5 Stichpunkte à 5 Wörter pro Zeile!
   - Viele Wiederholungen vor und nach jeder Lerneinheit: Die Einordnung ins Global Picture ist eine gute Idee, auch wenn es offensichtlich erscheint. Für viele Lernende ist es das eben nicht!

6. Sicher, das Grundproblem sind wie immer die Finanzen, ich weiß. Und kann es nicht mehr hören! Wenn nur 3 Euro vom Semesterbeitrag abgezweigt werden könnten, könnte man so pro 1.000 Studierenden (= 3.000 Euro pro Semester) auf 400-Euro-Basis eine studentische Stelle für die Power-Point-Polizei schaffen, die Lehrstühlen bei der Optimierung der Foliensätze hilft und entlastet. Das Ganze könnte vielleicht eine Fachschaft koordinieren.

7. Warum sollten sich auch nicht mehrere Lehrstühle, die alle dasselbe Grundlagenfach unterrichten, einen **Foliensatz teilen**? Er könnte so professionell und anschaulich gestaltet werden und es würde sich für alle lohnen!

8. **Bilder** sind inzwischen billiger als Brötchen. Auf Microstock-Fotoseiten gibt es günstige Abos, bei denen man ausreichend Anschauungsmaterial herausziehen kann (z. B. bei Fotolia.de). Und es ist denkbar einfach, weil die Bilder nach Suchworten filterbar sind. Oder Studierende können selbst Beispiele und Bilder einreichen, die sie während ihres Praktikums oder im Lernprozess finden. Der Prof muss die Bilder ja nicht selbst in PowerPoint einfügen: Studentische Hilfskräfte freuen sich über kreative Arbeit. Oder man gibt im PowerPoint-Kurs als Übung, die Folien optisch zu verbessern. Das ist sinnvoller als die an den Haaren herbeigezogenen Übungen, die typischerweise in solchen Kursen abgehalten werden.

9. **Vorlesungs-Wiki.** Es gibt genug technische Lösungen, einfache Wiki-Systeme oder SlideShare.com. Einen Versuch wäre es wert, die eigenen Vorlesungsfolien ins Netz zu stellen, die dann von den Studierenden kommentiert oder durch Registrierung gar von ihnen oder anderen Professoren bearbeitet werden können. Somit können mehrere Personen an der Qualität der Folien mitarbeiten, passende Bilder und Beispiele posten und Vorlesungen mit hilfreichen Zusatzinformationen anreichern.

10. **Professoren vs. Dozenten.** Hilft das alles nichts, sollte man noch stärker darauf drängen, Lehre und Forschung zu trennen, wie es in Amerika der Fall ist. Es bringt weder den Studierenden noch dem Prof etwas, wenn dieser zu Dingen gezwungen wird, auf die er keine Lust hat. Die Uni-Lehrer müssten dann zwei Voraussetzungen erfüllen: mindestens ein Jahr Berufspraxis in ihrem Fach und ein Zertifikat in Didaktik und Rhetorik vorweisen. Der forschende Professor kann durch einzelne Fachvorträge über sein Spezialgebiet eingebunden werden. Das würde ein zweites Problem lösen: Wenn der Dozent die Klausuren tatsächlich selbst korrigiert, wird die Prüfung berechenbarer.

Quellen und Literaturempfehlungen

Aamodt, S. & Wang, S.: **Welcome to your Brain.** C. H. Beck 2008.
Barnett, L.: **Revising for examaniations.** LSE Teaching and Learning Center 2001.
Bereiter, C. & Scardamalia, M.: **The psychology of written composition.** Erlbaum 1987.
Birkenbihl, V.: **Stroh im Kopf?** Mvg 2006.
Buzan, T.: **Use your memory.** Book Club Associates 1986.

Chevalier, B.: **Effektiver lernen.** Unicum/Eichborn 1992.
Cortrell, S.: **The study skills handbook.** Palgrave Macmillan 1999.
Cowan, N.: **The magical number 4 in short-term memory.** Behavioral & Brain Sc., 24(1) 2001.
Craik, F. I. M. & Lockhart, R. S.: **Levels of processing.** In: J. of Verbal Learning (11) 1972.
Csíkszentmihályi, M.: **Flow: Das Geheimnis des Glücks.** Klett-Cotta 2007.

Damasio, A. R.: **Descartes' Irrtum.** List 2004.
De Bono, E.: **Thinking Course.** BBC Books 2004.
Eysenck, M. W. & Keane M. T.: **Cognitive Psychology.** Psychology Press 2005.
Felsner, G.: **Motivationsmethoden für Wirtschaftsstudierende.** Cornelsen 2000.
Fitzgerald, J.: **Research on Revision in Writing.** In: Review of Educational Research, 57(4) 1987.

Häusel, H. G.: **Think Limbic!** Haufe-Lexware 2005.
Kleinschroth, R.: **Garantiert lernen lernen.** Rowohlt 2005.
Klingberg, T.: **Multitasking.** C. H. Beck 2008.
Krengel, M.: **30 Minuten für effizientes Lesen.** Gabal 2008.
Krengel, M.: **Der Lerneffekt beim Schreiben.** In: Lehmannski: Das Schreibbuch. ISB 2008.

Krengel, M.: **Der Studi-Survival-Guide.** uni-edition 2010.
Krengel, M.: **Golden Rules.** Eazybookz 2012.
Krengel, M.: **Konzentration bitte!** In: Didadacta 4/2010.
Kruse, O.: **Keine Angst vor dem leeren Blatt.** Campus, Frankfurt 2005.
Lage, B.: **Jurastudium erfolgreich.** Carl Heymanns Verlag 2009.

Mandl, H. & Spada, H.: **Wissenspsychologie.** Psychologie Verlags Union, Weinheim 1988.
McLean, N.: **Exam training.** LSE Teaching and Learning Center 2001.
Miller, G.: **The Magical Number Seven, Plus or Minus Two.** In: Psychological Review, 63, 1956.
Molitior-Lübbert, S.: **Der Lerneffekt beim Schreiben.** Dissertation, Tübingen 2000.
Moser, L.: **Der coole Weg zum Abitur.** Eichborn 1993.

Olson, D. R.: **The World on Paper.** Cambridge University Press, Cambridge 1994.
Precht, R.: **Wer bin ich – und wenn ja, wie viele?** Goldmann 2007.
Robertson, S. I.: **Problem solving.** Psychological Press 2001.
Rose, C.: **Accelerated Learning Action Guide.** Accelerated Learning Systems 1992.
Schneider, W.: **Deutsch für Profis.** Goldmann, München 1999.

Steiner, V.: **Energiekompetenz.** Pendo 2000.
Steiner, V.: **Exploratives Lernen.** Pendo 2001.
Vester, F.: **Denken, Lernen, Vergessen.** DTV 1997.
Wagner, U. & al.: **Sleep inspires insight.** In: Nature 427, 2004.
Waiten, W.: **Psychology – Themes & Variations.** Thompson 2007.

Willke, H.: **Systemisches Wissensmanagement.** UTB 2001.
Zimbardo, P. / Gerrig, R.: **Psychologie.** Pearson Studium 2008.

Weitere Quellen und kommentierte Empfehlungen auf www.studienstrategie.de

Widmung

Dieses Buch widme ich meinen Lesern. Für euch habe ich 18 Monate gedacht, ausprobiert, gelernt, geschrieben, überarbeitet, hinterfragt und gezeichnet. Es kostete Geduld und Nerven, um einen gemeinsamen Nenner für alle Fächer zu finden. Die ersten grauen Haare sprossen. Aber das war es Wert, wenn ich daran denke, wie mühselig das Lernen in Schule und Studium sein kann.
Wenn ich nur einen kleinen Teil dazu beitragen kann, dass es dir in Zukunft leichter fällt und du zuversichtlicher in die Prüfung gehst, habe ich mein Ziel erreicht.

Eine Bitte ...

Hat dir das Buch geholfen? Dann hilf anderen, die in einer ähnlichen Situation sind wie du:

- Schreibe eine kurze Bewertung auf Amazon
- Erzähle deinen Freunden von dem Buch
- Poste einen guten Lerntipp auf Facebook
- Schicke eine Mail mit den Gratis-Zusammenfassungen und Mini-Postern, die du auf Studienstrategie.de findest.

Merci!

Dank

Mich unterstützten viele Helferlein und Hirne, denen ich danken möchte: Allen voran meiner Sparringspartnerin Claudia M. Schmidt, die das Buch konzeptionell vom Anfang bis zum Ende begleitet hat. Dank gilt auch meinen Eltern, die bisher nicht entnervten, dass ich immer noch Bücher schreibe und als Seminar-Vagabund durch die Lande ziehe, statt in einer Unternehmensberatung „ordentlich" Geld zu verdienen.

Dicht am Bedürfnis des Lesers zu schreiben war mein Ziel. Deswegen habe ich meinen Lernprozess und Methoden mit Schülern und Studierenden aller Fachrichtungen getestet: Danke für die Zeit, Korrekturen, wertvollen Kommentare, ehrlichen Worte und Beispiele: Marie Wagner, Carina Hilt, Dirk Janda, Ronald Krengel, Patrick Rebacz, Patrick Jahns, Matthias Liebeck, Jan Welscheid, Georg Koch, Markus Schüler sowie unzählige Seminarteilnehmer von Kiel bis Zürich.

Auch die visuelle Hilfe von Daniela Schwebke von Dashmedia, Markus Güther und Robert Zirk vom „Formzoo" und Patrick Rebacz sowie von Theresa Jahn für das Lektorat war sehr professionell und ist weiterzuempfehlen. Ein großes Dankeschön auch an Guido Schaffrin für die drucktechnische Optimierung und Kai Gondlach für das finale Lektorat.

Hol dir unser Brain Update!

Möchtest du weitere Tricks und Infos? Unser „Brain Update" (Newsletter) kommt ca. 1 - 2 x im Monat per Mail und gibt dir:

1. **Weitere Lern-, Motivations- und Zeitmanagement-Tipps,** die es sonst nirgends gibt.

2. **Neue Erkenntnisse,** die ich durch die Arbeit an kommenden Büchern gewinne. Du erfährst so Hot Topics 1 - 2 Jahre vor allen anderen.

3. **Kostenlose Downloads:** Sobald du dich einträgst, erhältst du Zugriff auf das gesamte Download-Archiv (über 45 Downloads): z. B. einzelne Kapitel weiterer Bücher, Selbsttests, Checklisten, Übungen.

4. **Persönliche Einsichten** in mein Leben als Autor und Dozent.

5. **Sonderaktionen**, Rabatte, Kampagnen.

6. Der letzte und wichtigste Grund für den Newsletter ist aber: **Brain Update Abonnenten sind cool!**

Abonniere das Brain Update über **Studienstrategie.de**

oder sende eine Mail an: **hallo@studienstrategie.de**

Goldene Regeln für deinen Erfolg

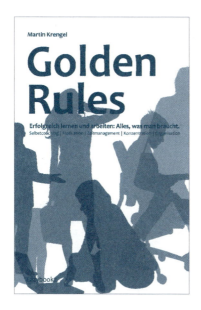

Die 50 wichtigsten Methoden für Zeitmanagement, Motivation und Konzentration.

Das Buch ist voll mit erprobten Techniken und innovativen Konzepten, die dein Zeitmanagement perfektionieren und frischen Wind in deinen Alltag bringen: Löse deine Probleme mit einer „Farbpalette", erziele mit meinen „Lebensbatterien" eine ausgewogene Study-Life-Balance und mit dem „Krengelschen Imperativ" wird Ordnung zum Kinderspiel.

Hier findet jeder etwas Motivierendes, Inspirierendes, Bewährtes. Auch dieser Ratgeber ist sehr persönlich und an hunderten Seminarteilnehmern getestet. Kurz: Ein unentbehrliches Handbuch, das in keinem Bücherregal fehlen sollte. Über 20.000 begeisterte Leser. Empfohlen vom WDR, zahlreichen Zeitschriften und Blogs. Kostenlose Buchvorschau unter www.studienstrategie.de/buecher/golden-rules.

Für alle, die noch viel im Leben vorhaben
Investition: 15,95 Euro in eine stressarme Zukunft

Weitere Bücher von Martin Krengel:

eBook „Strategisches Lesen"
Effizientes Lesen ist ein entscheidender Erfolgsfaktor im Studium und im Beruf. Mit diesem eBook gibst du deiner Lesetechnik neuen Schwung. Die Techniken sind speziell auf schwere Sach- und Fachtexten abgestimmt und zeigen, wie man schneller und selektiver liest und die wichtigen Textstellen sicher identifiziert.

eBook „Zeitmanagement"
Was haben erfolgreiche Studierende gemeinsam? Es sind nicht die Streber, die jede Fußnote auswendig lernen - sondern diejenigen, die Prioritäten richtig setzen, ihre Zeit sinnvoll einteilen, ausreichend Pausen machen und ihr Zeitmanagement im Griff haben. Ja, diese Top-Studenten haben auch noch ein Privatleben - trotz 28 Semesterwochenstunden!

eBook „Ordnung"
Brauchst du täglich mehrere Minuten, Dinge zu suchen? Vergisst du wichtige Sachen? Unordnung kostet Energie. Mit ein paar Tricks gelingt es, alles, was du suchst, innerhalb von drei Minuten zu finden. Die Klarheit des Umfeldes wird sich auf dein Denken übertragen. Es gilt die Formel: „Ordnung im Umfeld = Ordnung im Kopf".

Der Studi-Survival-Guide.
Das erste umfassende Handbuch für Zeitmanagement im Studium. Lerne etwas über die „7 Studientugenden", finde heraus, was du wirklich willst, und bestimme deine Stärken. Das Buch widmet sich intensiv der Frage, wie man Studium und Freizeit unter einen Hut bekommt und wie man Stress reduzieren kann. Studieren mit Vollgas und Spaß dabei – mit dem „Survival-Guide" ist es möglich! **Jetzt auch als eBook.**

eBooks bestellbar unter
studienstrategie.de

Rabatte für Schulen, Universitäten, Firmen:

Sie können die „Bestnote" und die „Golden Rules" zu großzügigen Mengenrabatten als Schule, Fachschaft, Firma oder Hochschule bestellen.

Es besteht die Möglichkeit, ein individuelles Cover anzufertigen (z. B. als Erstsemestergeschenk oder für Firmen im Rahmen des Recruitings).

Fordern Sie gleich Ihr individuelles Angebot an:
Lernmethoden@studienstrategie.de

Vortrag: „Der Weg zur Bestnote"

Lernen mit Spaß und sofortigen Resultaten – Die Bestnote wird auf der Bühne lebendig – durch einen Impulsvortrag von Martin Krengel

- Zeitmanagement beim Lernen
- Zuverlässige Motivation und Konzentration
- Schneller lesen, mehr verstehen
- Schnell komplexe Sachverhalte erfassen
- 10 Vokabeln in fünf Minuten lernen
- Visual Codes und die 3-2-1-Technik in Aktion

Lernmethoden@studienstrategie.de

Checkliste

Bleib dran – deine nächsten Schritte

Motivation ist nicht etwas, das man einmal herstellt und das dann für immer bleibt. Täglich will sie neu gefunden, angezapft, verstärkt werden. Damit dir das leicht fällt, habe ich 5 Umsetzungsturbos für dich ...

☐ **Gedankenfutter per Mail.** Melde dich für mein „Brain Update" an, dann bekommst du automatisch hin und wieder einen Motivationsschub. → **Anmeldung unter: Studienstrategie.de**

☐ **Facebook-Buddy.** Like meine Facebook-Seite „Martin Krengel", um neue Artikel, Downloads und Tipps aus erster Hand zu erhalten. → **facebook.com/bestleistung**

☐ **Youtube.** Durch eine Video-Serie visualisiere ich sehr einprägsam zentrale Konzepte aus den Golden Rules und der „Bestnote". Abonniere den Kanal „Martin Krengel", um keine Folge zu verpassen. → **youtube.com/user/AutorMartinKrengel**

☐ **10-Schritt-Lernsystem.** Schau dir das Übungsbuch „Besser lernen mit der Bestnote" an → **in Arbeit, erscheint 2015, Ankündigung übers Brain-Update**

☐ **Downloads & Checklisten.** Lade dir Zeitmanagement-Tools und Planungsvorlagen kostenlos herunter. → **Studienstrategie.de/download**

Dr. Martin Krengel ist Lerncoach, Produktivitäts-Experte, Unternehmer. Der begeisterte Kunstturner studierte in fünf Ländern Psychologie und Wirtschaft – beide Studiengänge absolvierte er mit Auszeichnung. Als Autor der Topseller „Golden Rules" und „Studi-Survival-Guide" entwickelte er eigene Zeitmanagementkonzepte für Schüler, Studierende und Berufseinsteiger. Der gefragte Dozent möchte durch seine Arbeit vor allem eins beweisen: Erfolg und Selbstverwirklichung gehen Hand in Hand. Man muss nicht überdurchschnittlich intelligent sein – viel wichtiger sind die richtigen Methoden!

Weitere Infos & nützliche Downloads auf:
Studienstrategie.de

Martin Krengel
Bestnote.
**Lernerfolg verdoppeln,
Prüfungsangst halbieren.**
Eazybookz, 4. Auflage, Berlin 2014

Bibliografische Information der Deutschen Bibliothek: Die Deutsche Bibliothek verzeichnet diese Publikation in der Deutschen Nationalbibliografie; detaillierte bibliografische Daten sind im Internet über http://dnb.de abrufbar.

Eazybookz UG (haftungsbeschränkt)
Weststraße 13
01979 Lauchhammer
Kontakt: Kontakt@Eazybookz.de

Designed in Berlin. Printed in Slovakia.
Umschlaggestaltung und Kapiteltrenner: Markus Günther & Robert Zirk,
Formzoo Berlin, www.formzoo.com
Layout und Satz: Daniela Schwebke, www.dashmedia.de; Guido Schaffrin
Weitere Grafiken: Martin Krengel & Patrick Rebacz
Herstellung: Alphaprint, Martin (SK)
ISBN: 978-3-941193-66-6
© Martin Krengel 2012, 2014 – Alle Rechte ausdrücklich vorbehalten.

Eazybookz Wissen, das sich sofort auszahlt.

Last-Minute-Prüfungstipps (Register)

Es ist 5 vor 12 und du hast ein spezielles Problem? Dann kommen hier ein paar Direkteinstiege ins Buch. Sie setzen an den am häufigsten genannten Problemen und Fragen von Schülern und Studierenden an. Dies ist somit ein sehr spezifisches, alternatives Inhaltsverzeichnis für die schnelle Navigation im Buch.

Auswendig lernen / abstrakte Dinge merken	22, 26ff, 43, 70 ,89, 94, **112**, **144**, 198ff, 204ff
Blackout & Prüfungangst *(Ursachen, wichtige Hilfen)*	12, 22ff, 52ff, 94f, 112ff **130ff**, **144ff**, 183f, 186ff, **191**ff, 205, **224ff**
Klausuren	**30**ff, 57, **186**ff, 212ff, **217**ff
Konzentration	62ff, 70, **73**f, 75ff
Langfristiges / Nachhaltiges Speichern von Infos	**12**ff, 68ff, 93f, **113**ff, **133**ff, **144**ff, 180f, 191ff, **198**ff
Lernplan & Überblick	11, 22ff, 38ff, **52**ff, 59, **70**ff, 92ff, 114ff, 192ff, 229
Müde Motivation	11, 33, 37, **52**ff, **62**ff, 68ff, **72**, **77**ff, 183, 187
Mündliche Prüfungen *(inkl. Denkblockaden)*	30, 43ff, 163, 189, 209, 213, 221, **224**ff
Referate & Präsentationen	30, 34, 43, 99, 134f, 213ff, **223**
Schneller lesen – mehr verstehen	11f, 25, 48f, **67**, **70**f, **83**+, **92**f, **101**f, 109, 130f, 145, 182
Schreiben *(Haus-, Bachelor- und Masterarbeiten)*	**31**f, **47**ff, 85f, **99**ff, 137ff, 186, 190, **212**ff, **222**, 232
Schwere Fächer, doofe Dozenten	48, 62, 68f, **75**ff, 93, **106**, 116ff, 133ff, 158, 162, 175
Unverbundene Fakten und Infos merken	12, **27**ff, 93ff, **112**ff, 124ff, **144ff**, **183**ff, 204f
Zahlen, Statistik, Mathe, Physik, Chemie	78, **165**ff, 189, **207**
Zeitmanagement beim Lernen, Zeit sparen	8f, 11, 38ff, **52**ff, **62**ff, **70**ff, 86f, 94f, **208**, 103ff, 112ff, **144**ff